CAMPO 1975

MÉMOIRE HISTORIQUE

SUR

LA DÉCADENCE ET LA RUINE

DES MISSIONS DES JÉSUITES

DANS LE BASSIN DE LA PLATA

LEUR ÉTAT ACTUEL

PARIS. — TYP. DE AD LAINÉ ET J. HAVARD, RUE DES S.-PÈRES, 19.

MÉMOIRE HISTORIQUE

SUR

LA DÉCADENCE ET LA RUINE

DES

MISSIONS DES JÉSUITES

DANS LE BASSIN DE LA PLATA

LEUR ÉTAT ACTUEL

PAR

V.-MARTIN DE MOUSSY

Docteur en médecine de la Faculté de Paris,
Ancien chirurgien militaire ; membre des Sociétés de géographie de Paris et de Berlin
membre de l'Institut historique, de la Société impériale d'acclimatation,
de la Société d'anthropologie et de la Société météorologique de France ;
du Comité d'Archéologie américaine ;
de la Société des sciences, agriculture et arts du Bas-Rhin et du Cercle agricole de l'Oise ;
de l'Association des amis de l'histoire naturelle et de l'Institut historique et géographique de la Plata,
de la Société de médecine Montévidéenne ; etc., etc.

PARIS

LIBRAIRIE DE CHARLES DOUNIOL

RUE DE TOURNON, 39

1864

MÉMOIRE HISTORIQUE

Sur la décadence et la ruine des missions des Jésuites dans le bassin de la Plata. — Leur état actuel.

Rien de plus ignoré en Europe que le sort qu'ont eu, après l'expulsion de leurs fondateurs, les établissements si célèbres créés par les Jésuites, presque au centre de l'Amérique du Sud. Quoique habitant la Plata depuis quatorze années, il nous avait été impossible de nous procurer des renseignements exacts sur l'état de ces contrées, que personne absolument ne visitait et qui étaient certainement aussi inconnues, à Montevideo et à Buenos-Ayres, qu'à Paris même. — Chargé en 1855 de parcourir toutes les vastes provinces qui composent la Confédération Argentine pour les faire connaître à l'Europe, nous avons cru devoir étudier tout spécialement celle des Missions. C'est l'histoire de cette fameuse province que nous avons essayé de tracer dans ce mémoire, dont le plus grand mérite est d'avoir été écrit sur les lieux mêmes, devant les ruines de ses villages et de ses temples, et à l'aide de renseignements pris auprès des fils de ceux qui ont joué le principal rôle dans ces mêmes événements que nous racontons.

Ainsi, notre travail a été commencé, en novembre 1855, à la Fédération (anciennement Mandisobi), sur la frontière des provinces d'Entre-Rios et de Corrientes. Cette frontière était alors commandée par le colonel Artigas, fils du célèbre José Artigas qui mourut au Paraguay en 1850. Nous avons été en relation avec lui, aussi bien qu'avec le colonel D. Federico Baez, à la même époque commandant de la Concordia, qui accompagnait Rivera dans sa razzia des Missions orientales en 1828. A Itaquy, en face de la Cruz, nous avons recueilli de nombreux détails auprès d'un intelligent et honorable vieillard de soixante et onze ans, D. Pancho Gutierrez, fils du dernier majordome de la Cruz, pendant la domination espagnole. Ce majordome était dans cette Mission en 1773, cinq ans seulement après l'expulsion des Pères de la compagnie. A San-Borja, chez un compatriote, M. l'abbé Gay, aujourd'hui curé de cette ancienne ville, nous avons trouvé de nouveaux renseignements. Ils s'ajoutaient à ceux que nous avions reçus maintes fois à Montevideo du célèbre M. Bonpland qui habita la région des Missions depuis 1819 jusqu'à sa mort, en 1858. Nous en avons obtenu également à Santa-Maria de Fé où avait été détenu pendant neuf ans cet éminent naturaliste par les ordres de Francia. A cette époque de notre voyage au Paraguay, obligé de séjourner un mois entier à Itapua, c'est logé chez le curé de cette ancienne Mission, dans une maison bâtie depuis deux siècles, au milieu des souvenirs de cette époque, que la plus grande partie de ce mémoire a été rédigée. Nous l'avons continué pendant notre séjour à l'Assomption et à Corrientes; enfin il a été terminé à Rosario en 1856. Plus tard, en 1857, à Oran, sur la frontière de la Bolivie et la lisière du Chaco, les missionnaires Franciscains qui administrent encore aujourd'hui les Missions de Moxos et de Chiquitos, et desservent celles du Sud de la Bolivie, nous ont donné des détails sur l'état actuel de leurs établissements (1).

I.

Conquêtes des régions de la Plata par les Espagnols. — Organisation des tribus conquises. — Indiens Yanaconas. — Indiens Mitayos. — On appelle les Jésuites pour convertir et civiliser les Indiens.

Les institutions et les œuvres de la fameuse Société de Jésus ont été jugées si diversement, que l'examen, sur les lieux mêmes, de leurs établissements les plus célèbres, ne peut que rendre un service aux sciences géographiques et historiques, à la philosophie et à l'humanité. En rappelant l'attention de l'Europe sur des contrées dont on a tant parlé à une époque, et qui depuis sont tombées dans un si profond oubli, nous ferons peut-être songer à leur importance au point de vue de la colonisation. Peut-être amènerons-nous aussi sur ces plages hospitalières des habitants nouveaux qui, profitant d'un climat admirable, d'un sol fertile et sa-

(1) Ce mémoire a d'abord été publié en espagnol, dans la ville de Parana, alors capitale de la Confédération argentine, au commencement de 1857, et a été reproduit par plusieurs journaux de Montevideo et de Buenos-Ayres. — Comme il comble une semblable lacune historique, nous jugeons utile de le donner ici tout entier, car l'épisode des Missions tient une place considérable dans l'histoire du bassin de la Plata.

Les années qui se sont écoulées depuis cette première publication nous ont permis de l'augmenter de plusieurs détails nouveaux et d'y adjoindre des documents d'une valeur réelle pour les origines argentines. Les notes que nous avons ajoutées aideront en outre à élucider des questions soulevées par la méthode suivie pour amener les indigènes à la civilisation et au christianisme, et par le régime que les Missionnaires établirent chez leurs néophytes. La question de la conquête des Indiens à la vie civilisée est toujours à l'ordre du jour, et il n'est pas indifférent, au point de vue pratique, de savoir comment s'y sont pris pour cela des religieux dont personne n'a jamais contesté ni le zèle ni l'intelligence.

lubre, les rendront à leur splendeur passée. Ils feront à leur tour, des bords de l'Uruguay et du Parana, ce qu'en avaient fait jadis les mains de religieux instruits et intelligents, gouvernant paternellement un troupeau d'Indiens dociles, un véritable jardin, et reproduiront en partie, quoique d'une autre manière, les merveilles dont les récits de Chateaubriand et des *Lettres édifiantes* ont enchanté notre jeunesse.

Depuis 1537, le Paraguay était occupé par les Espagnols. Après des prodiges d'audace, de valeur et de patience, Martinez de Irala avait fondé la ville de l'Assomption, qui fut, pendant près d'un siècle la capitale des établissements européens dans cette partie de l'Amérique. La population nouvelle, par ses unions avec les femmes indigènes, avait augmenté considérablement, malgré les pertes énormes éprouvées pendant les dix premières années, dans les luttes avec les Indiens des bords de la Plata, du Parana et du Paraguay. Des races autochthones, les unes, les plus belliqueuses, telles que les Querandis, les Guaycurus, les Payaguas, avaient reculé dans le désert ou avaient été réduites à l'impuissance ; les autres, plus douces et plus malléables, appartenant à la race Guaranie, s'étaient soumises aux conquérants après une courte lutte, et les Indiens avaient été distribués, en qualité de serfs (yanaconas), aux planteurs (pobladores).

Cette distribution de la race conquise nécessite quelques explications ; elles feront comprendre comment se firent les premières Missions et les établissements espagnols. — Dans le principe, la conquête avait été plus difficile qu'on ne semble le croire généralement. Les premiers explorateurs avaient presque tous péri par les mains des Indiens : Solis avait été tué par les Charruas aussitôt en mettant pied à terre sur la Bande-Orientale ; Ayolas et sa troupe avaient été exterminés par les Agaces, au milieu du Chaco ; Mendoza avait succombé avec 2,000 Espagnols en essayant de fonder Buenos-Ayres ; Garay, le second fondateur de cette ville, avait été égorgé par les Minuanes. A chaque instant, les plus braves et les plus intrépides des conquérants avaient maille à partir avec les nombreuses tribus indiennes du Chaco, du haut Paraguay, de l'Entre-Rios et de la Bande-Orientale. Il fallait donc déployer à la fois assez d'énergie et de douceur pour effrayer, contenir et gouverner en même temps les tribus.

Les premiers conquérants étaient venus d'abord dans l'espoir de trouver des métaux précieux, puis, quelques années plus tard, pour aller par cette route nouvelle se joindre aux Espagnols au Pérou, et partager ou même leur disputer leurs trésors ; mais l'énorme difficulté des communications en retint le plus grand nombre dans le Paraguay. Bientôt les talents, l'affabilité et la valeur d'Irala groupèrent autour de l'Assomption tous ces aventuriers, et cet homme remarquable devint le véritable fondateur de l'empire espagnol dans la Plata.

Ce fut donc lui qui établit en quelque sorte le système suivi pendant un siècle et demi pour le gouvernement des Indiens.

Lorsqu'une tribu avait été soumise par la force des armes, ceux qui la composaient étaient distribués entre les vainqueurs en qualité de serfs. On leur assignait des terres à cultiver ; ils étaient obligés de chasser, de pêcher et de travailler pour leurs maîtres. Toutefois ces maîtres, peu nombreux, très-sobres, ignorant toute espèce de luxe, étaient peu exigeants ; il n'y avait pas de métaux précieux à exploiter, le travail de ces Indiens se réduisait donc à fort peu de chose. Aussi cet esclavage était-il si doux, que beaucoup de tribus timides venaient offrir leur soumission aux Espagnols, à la condition d'être défendues par eux contre les hordes plus belliqueuses des Tupis, des Mbayas et des Guaycurus. Ces Indiens étaient également distribués en *encomiendas* de *yanaconas*, ou commanderies de serfs. Le chef de l'établissement avait ainsi à son service une foule d'Indiens de tout âge et de tout sexe, qu'il pouvait employer suivant sa volonté; mais il lui était défendu de les vendre, de les maltraiter, de les abandonner en cas de mauvaise conduite, de vieillesse ou de maladie. Il était tenu de les soigner dans leurs maux, de les nourrir, de les vêtir, de leur apprendre quelque état, et surtout de les instruire dans la religion chrétienne. Personne n'ignore qu'à cette époque de foi ardente qui animait la nation espagnole, le désir de convertir les Indiens n'était pas un des moindres motifs qui la poussaient aux conquêtes dans le nouveau monde. Tous les ans il y avait une sorte d'inspection où les Indiens pouvaient présenter leurs plaintes, s'ils en avaient à faire.

Lorsque des tribus un peu considérables faisaient leur soumission, on les obligeait à choisir un emplacement pour un village et à se construire des cases; puis on les engageait à se nommer un cacique, des alcades et autres officiers municipaux. Ceci fait, la population était divisée par sections composées d'un certain nombre d'Indiens, avec un chef choisi par eux à leur tête. Chaque section formait une *encomienda* dite *mitaya*, ou à moitié, qui était mise au service d'un Espagnol comme récompense nationale. Mais le titulaire d'une *encomienda* de cette nature ne pouvait disposer que du service des hommes de dix-huit à cinquante ans qui la composaient, et cela seulement pendant deux mois de l'année. Le reste du temps, les Indiens étaient parfaitement libres de leurs occupations et assimilés en tout aux Espagnols. Ces *encomiendas mitayas* étaient beaucoup moins recherchées que les *yanaconas*, et cela se conçoit : l'*yanacona* constituait un servage, comme le service du paysan russe aujourd'hui; la *mitaya* n'était qu'un service momentané.

Dans le but d'augmenter la population et le nombre des Indiens soumis, et pour encourager les Espagnols à se lancer dans ces sortes d'entreprises, Irala les avait autorisés à faire à leurs frais des expéditions sur les points éloignés, afin de réunir les Indiens et de les organiser en villages ou réductions. Si l'entrepreneur était obligé de se faire aider par des troupes de l'État, la réduction nouvelle entrait seulement dans la classe des *mitayas*. Dans le cas contraire, les Indiens qu'il avait réduits par ses propres forces lui appartenaient au titre de *yanaconas*. Cependant, au bout de deux générations, les Indiens *yanaconas* et *mitayas* devaient entrer dans le régime général et être considérés au pair des colons espagnols. — Ainsi commença la population chrétienne du Paraguay, et ses premières quarante bourgades durent leur origine à cette forme de la conquête.

Ce ne fut pas toutefois sans des guerres et des révoltes répétées que ce service forcé, quelque léger qu'il fût, put être établi chez les Indiens. Par là même qu'il était forcé, il pesait singulièrement à leur amour-propre autant qu'à leur paresse, et le contraste de maîtres ne faisant rien, alors que leurs serviteurs étaient obligés de travailler pour les nourrir, était trop remarquable pour ne pas exciter leur colère. A chaque instant il y avait des soulèvements parmi les indigènes, et leurs défaites répétées ne suffisaient pas pour les forcer à courber la tête. Sur quelques points, les Espagnols se virent forcés d'anéantir la population ou de la transporter ailleurs, comme ils le firent pour les Quilmès et les Acalians des vallées de Calchaqui. Un grand nombre de tribus disparurent ainsi et perdirent leur nom en se fondant avec le reste de la population. Ce ne fut qu'au bout de deux siècles d'occupation que les Indiens des cantons habités par les Espagnols se tinrent enfin tout à fait tranquilles et que leur soumission fut consommée.

L'Espagne attachait alors fort peu d'importance à un pays qui ne produisait ni or ni argent. Elle se contentait de confirmer le gouverneur (*adelantado*), lequel, l'emploi venant à vaquer, était provisoirement nommé par les habitants eux-mêmes, le choix devant être ensuite ratifié par le roi. Ceux-ci, renonçant en même temps aux expéditions vers le Pérou et à la recherche des mines, se mirent à vivre paresseusement dans un pays où le climat est chaud, la vie facile, où le travail des Guaranis leur donnait très-largement le nécessaire. La plupart épousèrent des Indiennes, beaucoup même vécurent dans une sorte de polygamie que favorisait le grand nombre des femmes indigènes et l'indifférence insoucieuse des naturels.

Le clergé fut fort peu nombreux dans le principe, puisqu'à la mort d'Irala, en 1557, il ne se composait que de vingt ecclésiastiques séculiers et réguliers, y compris l'évêque de l'Assomption et ses chanoines. L'accroissement de la population par suite de l'extension des conquêtes, l'ignorance profonde de la majorité des conquérants en matière religieuse, et malgré cela leur ardeur pour convertir les Indiens, tout faisait désirer l'arrivée de missionnaires qui vinssent répandre parmi toutes ces peuplades les lumières du christianisme. — Vers la fin du xvie siècle les Jésuites furent appelés.

II.

Conquête de la province de la Guayra par les Mamelucos portugais. — Les Jésuites fondent leurs réductions du Parana et de l'Uruguay. — Leurs trente-trois Missions.

A cette époque, les Portugais, maîtres des côtes du Brésil, n'avaient point étendu leurs conquêtes dans l'intérieur, comme ils le firent depuis. Un vaste terrain situé sur la rive gauche du fleuve Parana, au-dessus du fleuve Y-guazu jusqu'au Tiété, dans une largeur de 3° en latitude et 2° en longitude, du 21e au 24e et du 54e au 56e de longitude ouest de Paris, formait la province de la Guayra. Les Espagnols avaient fondé le bourg d'Ontiveros à une lieue de la grande chute du Parana, puis Ciudad-Réal, Villa-Rica, Xérès, etc., etc. Cette province était presque exclusivement peuplée de tribus guaranies, populations douces et agricoles souvent tourmentées par les hordes belliqueuses des Tupis, et qui se considérèrent comme fort heureuses d'accepter les Espagnols en qualité de maîtres et de défenseurs. — Treize grandes bourgades y furent fondées, et c'est là que, vers l'an 1580, les Jésuites furent invités à exercer d'abord leur ministère. Là commencèrent leurs premières Missions. Le juge ecclésiastique auquel ils furent soumis en destina deux à la province de la Guayra au nord-est du Paraguay ; un troisième missionnaire fut envoyé au village de San Ignacio-Guazu, sur la rive droite du Parana entre la rivière de Tebicuary et ce fleuve, et deux autres à trois villages du canton d'Itati, sur la rive gauche de ce même fleuve.

Les treize bourgs de la province de Guayra qui existaient alors, étaient :

Loreto,	San Miguel,	Angeles
San Ignacio-Mini,	San Antonio,	Concepcion,
San Xavier,	San Pedro,	San Pablo,
San José,	Santo-Tomé,	Jesus Maria.
Anunciacion,		

Ces bourgades étaient le long du fleuve Parana au-dessus de la grande chute ou Salto de Guayra, situé par 22° 4' 27" entre les rivières Añambi ou Tiété et le Parana-Paré. — De ces bourgades, les treize premières, placées entre ces deux fleuves, furent détruites par les Paulistes de 1620 à 1640. — Neuf autres, situées plus bas entre le Parana-Paré et les sources de l'Igay, furent détruites quelques années après. — Les villes espagnoles de Guayra, Xérès et Villa-Rica eurent le même sort. (*Mémoire* de D. Vicente Aguilar *sur l'histoire des limites entre l'est et le nord de l'Amérique.*)

Elles avaient été fondées après la grande expédition d'Irala dans cette contrée, et sous son administration, et étaient toutes dans la classe des *mitayas*, administrées tant bien que mal pendant une trentaine d'années par des agents envoyés de l'Assomption. Leur direction spirituelle seulement fut à cette époque confiée aux Jésuites, qui y firent leurs premiers essais.

La population de ces villages appartenait exclusivement à la race guaranie, race nombreuse, dont les variétés se trouvaient répandues, des bouches de l'Orénoque à celles de la Plata, sur l'énorme étendue de 45° en latitude; ces variétés offraient alors, comme aujourd'hui, le phénomène étonnant de parler toutes le même langage, désigné sous le nom de *langue générale* aussi bien par les Portugais que par les Espagnols. — De l'autre côté du Rio-Parana, dans le Paraguay même, entre les fleuves Parana et Uruguay, sur la rive droite de ce dernier fleuve, la grande majorité de la population indienne était également guaranie. On la retrouvait encore dans les provinces lointaines de Chiquitos et de Moxos et dans les Guyanes. Nulle part elle ne formait un véritable corps de nation, mais seulement des groupes de peuplades ou de familles désignées du nom du lieu où elles vivaient ou de celui de leur cacique temporaire. Elles vivaient tantôt de pêche et de chasse, tantôt, et le plus souvent, d'un peu d'agriculture, ce qui les obligeait alors à être sédentaires et non pas errantes comme les autres peuplades indiennes. D'un caractère sombre et taciturne, peu communicatifs, médiocrement intelligents, les Guaranis avaient cependant dans le caractère une certaine douceur qui les rendait plus aptes que tous les autres Indiens à se civiliser et à se fondre peu à peu avec les autres populations qui les entouraient, et principalement avec celles d'origine européenne.

Bien accueillis par les Indiens soumis qui habitaient la province de la Guayra, les jésuites furent vus d'un moins bon œil par les possesseurs d'encomiendas. Par leur influence ils en limitaient le despotisme, ils en critiquaient surtout le libertinage, la paresse et l'absolu pouvoir sur les Indiens. De là une hostilité continuelle, tantôt sourde, tantôt avouée, de la part des habitants du Paraguay, contre les missionnaires et leur système, et ce ne fut que graduellement et par la protection constante du cabinet de Madrid, que ceux-ci arrivèrent à occuper complètement les différents villages qu'on leur avait donnés à instruire, qu'ils parvinrent à en éloigner les Espagnols, à supprimer les commanderies yanaconas et mitayas, en les remplaçant par une capitation payée annuellement au trésor; enfin à pouvoir gouverner entièrement les Indiens suivant le système qui leur sembla le meilleur pour ces gens simples et à intelligence peu développée.

Au commencement du xviie siècle, la guerre que les Portugais de Saint-Paul faisaient aux tribus guaranies de ces cantons, contribua à augmenter le chiffre des néophytes qui se plaçaient sous l'égide des missionnaires, et par conséquent le nombre des Réductions. Le Portugal venait de tomber aux mains de l'Espagne en 1580, mais les colons qui commençaient à peupler le Brésil étaient loin d'accepter la soumission de la métropole par l'Espagne et déclarèrent vouloir se gouverner eux-mêmes. Ils étaient d'ailleurs si loin des côtes, si profondément internés dans le continent, qu'il leur était facile d'échapper à tout contrôle de la part des autorités européennes. Les premiers colons s'étaient unis aux Indiennes, aux négresses importées d'Afrique; il résulta de ce mélange une race métisse ardente et robuste, habituée à la vie du désert et aux aventures. Les guerriers furent désignés sous le nom de mamelucos, mamelucks, à cause de la couleur foncée de leur peau. Les mamelucos basant leur organisation sociale sur l'esclavage des Indiens guaranis, qu'ils mirent sous le même régime que les nègres que la traite commençait à importer d'Afrique, les répartirent en troupeaux humains, dans de grands ateliers travaillant sous le bâton du maître. La mortalité considérable qui était le résultat de ces brutales mesures les amena à baser le recrutement de leurs esclaves sur un système de chasses réglées, conduites presque sur les bords du Parana, où la population indienne était plus nombreuse; et les établissements espagnols furent attaqués.

Les missionnaires essayèrent de défendre leurs ouailles; mais les mamelucos étaient hardis, bien armés et, de plus, aidés des Indiens Tupis, race énergique dont plusieurs peuplades avaient fait alliance avec eux. Les treize bourgades de la Guayra furent donc saccagées et détruites en 1631, et l'un des missionnaires, le Père Montoya, dut s'enfuir avec le reste de ses néophytes et s'embarqua sur le Parana, emmenant sur une flottille de 700 canots, 12,000 personnes de tout âge et de tout sexe, qui se laissèrent aller au courant du fleuve dans ces frêles embarcations. A la grande chute de Maracayu, il fallut s'arrêter et ouvrir dans le bois un chemin de portage pour y traîner les canots et se rembarquer plus bas. On y parvint après des fatigues inouïes et l'on arriva enfin sur les rives tranquilles où s'élevèrent depuis les splendides Missions de Corpus, de Loreto et de Santa-Ana.

Cependant toute la population guaranie de la Guayra ne fut pas enlevée. Il restait encore, de l'autre côté du Rio-Parana entre le Parana-Paré et les sources de l'Igay, les réductions de Maracayu, Terecani, Ibirapaya, Candelaria, Curumiay, Pacuyu.

Le grand fleuve les défendait contre les excursions des mamelucos, et de plus les villes espagnoles de Guayra, de Xérès, de Villa-Rica, d'Ontiveros et d'Espiritu-Santo, qui comptaient un assez grand nombre de planteurs pourvus de commanderies, tenaient encore, les Paulistes n'ayant poursuivi jusqu'alors que les Missions. Celles-ci, en effet, ne furent point défendues par les Espagnols, qui, regardant les missionnaires comme des ennemis du système des encomiendas, et par conséquent de ce qu'ils considéraient comme leur propriété, laissèrent le champ libre aux envahisseurs. Mais, lorsqu'il n'y eut plus de Missions à piller, les Paulistes tombèrent sur les commanderies espagnoles et leur enlevèrent leurs esclaves. C'est ainsi que les villes et les villages que nous venons de nommer tout à l'heure disparurent tous en 1674 et 1676, et que les Brésiliens occupèrent les deux rives du Parana. Dans cette dernière guerre, la cour de Lisbonne, dont l'autorité était de nouveau reconnue au Brésil, aida les Paulistes de tout son pouvoir et se rendit ainsi maîtresse de la navigation du fleuve, dans toute la partie au nord des chutes de Maracayu.

Les Jésuites, à cette époque, renoncèrent complétement à leurs anciens établissements de la Guayra et se concentrèrent sur le Parana inférieur où ils organisèrent leur nouvelle province des Missions. Les Espagnols avaient successivement rallié les environs de l'Assomption et les rives du Rio Paraguay; ils se souciaient peu des missionnaires qui restaient seuls dans un pays éloigné de la capitale; ceux-ci n'hésitèrent pas à profiter de cette insouciance pour s'isoler encore davantage, et, avec l'assentiment du cabinet de Madrid, ils en vinrent à former des réductions peuplées exclusivement d'Indiens et dont la direction appartenait à eux seuls, car les Espagnols furent entièrement exclus de ces villages qui ne reconnurent d'autre autorité que celle de leurs catéchistes. En 1648, on leur permit d'armer leurs ouailles, afin de les mettre en état de résister aux attaques des Mamelucos et des Tupis; et dès lors les Missions n'eurent plus rien à craindre de ces aventuriers. La paix et le bien-être dont les Indiens y jouissaient, attirèrent une foule de Guaranis encore sauvages qui fuyaient la cruauté des Portugais, et ce fut à partir de cette époque que les Missions prirent le développement extraordinaire qu'elles eurent jusqu'à l'expulsion de leurs fondateurs.

Le magnifique territoire que les Jésuites venaient de coloniser les dédommageait amplement des provinces de la Guayra et de Vera, restées définitivement aux Portugais. Il était plus fertile, mieux arrosé, sous un climat moins ardent, et, grâce aux deux grands fleuves Parana et Uruguay, ses abords étaient plus accessibles. — Cette province comprit trente-trois bourgades ou réductions.

Sur ces trente-trois villages, onze étaient situés dans le Paraguay proprement dit, c'est-à-dire au nord du grand fleuve, c'étaient :

Sur la rive droite du Parana :

Jésus,	fondé en 1685	San-Cosme,	fondé en 1634
Trinidad,	— 1706	Itapua,	— 1614

En se rapprochant du Tebicuary :

Santa Maria de Fé,	fondé en 1592	Santa Rosa,	fondé en 1698
San Ignacio-Guazu,	— 1609	Santiago,	— 1592

Au nord-est de la province de Paraguay, de manière à se mettre en rapport avec leurs Missions des provinces de Chiquitos et de Moxos :

San Joaquin,	fondé en 1746	Belem,	fondé en 1760
San Estanislao,	— 1749		

Entre les fleuves Parana et Uruguay, dans le grand triangle dont la rivière Miriñay, déversoir de la lagune Ibera, forme le côté occidental, on comptait quinze réductions :

Yapeyu,	fondée en 1626	Candelaria,	fondée en 1627
La Cruz,	— 1629	Santa Ana,	— 1633
Santo Tomé,	— 1632	Loreto,	— 1555
Concepcion,	— 1620	Corpus,	— 1622
Apostoles,	— 1632	San Ignacio-Mini,	— 1555
Martires del Japon,	— 1633	San Xavier,	— 1629

San Carlos,	—	1631	Santa Maria la Mayor, —	1627
San José,	—	1633		

Enfin sur la rive gauche du fleuve Uruguay, on comptait sept réductions :

San Borja,	fondée en	1690	San Angel,	fondée en	1706
San Nicolas,	—	1627	San Miguel,	—	1632
San Luis de Gonzaga,	—	1632	San Juan,	—	1698
San Lorenzo,	—	1691			

En tout trente-trois bourgades. — Les plus célèbres étaient les trente voisines du Paraguay et de l'Uruguay ; ce sont celles qui sont le sujet des récits de Charlevoix, de Vanière, de Durand, de Lozano, de Muratori, etc., etc.

III.

Description du territoire des Missions. — Système de gouvernement. — Communauté. — Travaux. — Produits. — Hostilité et jalousie des habitants de la Plata contre les Jésuites. — Splendeur des Missions en 1750.

Le pays où prospéraient ces groupes d'Indiens, sous la direction habile et paternelle d'hommes intelligents, était admirablement choisi. — Compris entre le 26e et le 30e de latitude sud et les 56e et 60e de longitude ouest du méridien de Paris, il avait pour limites, au nord, le Tebicuary qui se jette dans la rivière du Paraguay, les derniers chaînons de la cordillère de ce pays et les épaisses forêts qui les couvrent. A l'ouest, la lagune Ibera et le Miriñay le séparaient du reste de l'Entre-Rios. L'Ibicuy le limitait au sud et à l'est, la chaîne des montagnes désignée sous le nom de Sierras do *Herval* et do *Tape* le séparait des possessions portugaises. C'était une superficie de terrain de près de 6,000 lieues carrées de 20 au degré.

Traversé par deux fleuves immenses et arrosé par leurs nombreux affluents, le territoire des Missions est fertile, pittoresque dans la partie montagneuse, et jouit d'un climat parfaitement doux et salubre. La canne à sucre, l'indigo, le coton, y prospèrent ; indépendamment des arbres du tropique, tels que le dattier et le cocotier, l'oranger, — le figuier, le grenadier, la vigne, l'olivier, le pêcher, la plupart, enfin, des arbres fruitiers du midi de l'Europe y donnent d'excellents fruits ; le manioc, la pomme de terre, la patate, réussissent, avec presque tous les autres légumes. Les forêts de la Sierra offrent de magnifiques bois de construction, que peu d'efforts suffisent pour porter au Parana ou à l'Uruguay. Enfin les forêts renferment des quantités immenses de cette plante précieuse nommée thé du Paraguay ou *yerba-maté*, objet de première nécessité pour toutes les populations de la Plata et dont la consommation est énorme, puisque le seul commerce de l'Uruguay en importe aujourd'hui annuellement deux millions de kilogrammes aux places de Buenos-Ayres et de Montevideo.

Des pâturages admirables y nourrissaient des milliers de bestiaux, et jadis tout le long de la lagune Ibera, dans les terrains compris entre ces marécages et l'Aguapey, de magnifiques estancias ou fermes à bétail, appartenant à la communauté, renfermaient de grands troupeaux, parfaitement gouvernés et dont la reproduction était immense. — Sous le rapport du règne minéral, le pays n'est pas moins favorisé : la pierre à bâtir, le grès, les argiles, tout, excepté la chaux, abondait; on y a reconnu des gisements de fer et de cuivre, et, dans ces derniers temps, de mercure et de charbon de terre. Enfin tout ce qui peut être utile à l'homme, le nécessaire comme le superflu, s'y trouvait réuni, et s'y trouve encore.

C'est là que les Jésuites donnèrent au monde l'exemple remarquable de milliers de sauvages, gouvernés par la simple autorité de quelques prêtres, sans gardes, sans soldats; qu'ils amenèrent des êtres essentiellement paresseux et indolents à produire de véritables merveilles sous le rapport du travail. Quelle que soit la manière dont on veuille juger ce gouvernement, il n'en est pas moins vrai que le résultat obtenu était magnifique, que cent mille âmes vivaient à l'aise là où il n'y a plus aujourd'hui qu'un désert, et que sitôt que la main intelligente qui gouvernait la province des Missions eut été violemment retirée, tout y retomba dans le chaos.

Le système adopté était la communauté. — Chaque réduction était gouvernée par deux pères. L'un, sous le titre de curé, était chargé du temporel; il était l'administrateur, le directeur des travaux; l'autre était chargé du spirituel et se trouvait plus spécialement en rapport avec les Indiens. La gravité, la conduite irréprochable des deux pères leur conciliaient le respect et l'obéissance absolus des Guaranis. Ils se maintenaient généralement renfermés dans leur maison appelée collége, ne paraissaient que dans les grandes occasions et gouvernaient à l'aide d'une municipalité, composée d'un corregidor, d'un alcade et d'assesseurs, tous choisis parmi les Indiens. Lorsqu'ils paraissaient à l'église, ils étaient entourés d'un cortége nombreux d'aides et d'enfants de chœur vêtus magnifiquement. Jamais aucune femme ne mettait le pied dans le collége. Les Pères n'entraient pas non plus dans les cases des Indiens. Les confessions n'étaient entendues qu'à l'église. On transportait les malades des deux sexes dans une infirmerie voisine du collége, où ils recevaient les soins nécessaires et où les Pères allaient les visiter (1). Tout dans la bourgade se passait avec décence et majesté.

Les femmes étaient exclusivement occupées à filer les étoffes de coton qui devaient servir aux vêtements. Ceux-ci étaient les plus simples du monde : une chemise, un caleçon, un poncho et un bonnet pour les hommes; une chemise longue, une ceinture et un jupon pour les femmes. Tous les métiers étaient exercés par les hommes. Les produits du travail commun étaient renfermés dans un magasin général et distribués aux membres de la communauté en proportion de leurs besoins. Tous étaient égaux, tous avaient droit à la même nourriture et au même vêtement. Les vieillards, les veuves, les orphelins, étaient nourris et soignés comme le reste de la population; enfin, en tout et pour tout, régnait l'égalité la plus absolue. Quelque extraordinaire que puisse nous paraître un pareil système, les Pères avaient jugé que c'était le régime qui convenait le mieux aux Guaranis, et ceux-ci semblaient s'en trouver si bien qu'ils regrettèrent amèrement leurs directeurs, lorsque ceux-ci furent supprimés. La meilleure preuve encore, c'est qu'après l'expulsion des Pères, ce régime fut continué par les Espagnols et même par les Portugais, et qu'il a duré au Paraguay jusqu'à 1848, époque à laquelle

(1) A San Borja, l'ancienne salle de l'hospice sert aujourd'hui de chapelle pour la population, la vieille église de la Mission étant tombée en ruines faute de réparations.

son abolition amena la dispersion d'une partie des Indiens qui constituaient le reste de l'ancienne population des Missions.

Le surplus du produit du travail commun était transporté aux ports de la Plata, par les embarcations guaranies, construites sous la direction des missionnaires, et leur produit employé à l'achat d'articles d'Europe qui ne pouvaient se fabriquer sur les lieux. C'est ainsi que les églises s'enrichirent des bijoux les plus précieux, des étoffes les plus riches. En effet, tout ce qui devait servir au culte ou aux spectacles publics était d'une splendeur remarquable. Retirés dans leur collége, maison très-simple, mais propre, les Pères y menaient une vie austère et sobre; ils gouvernaient leurs Indiens avec équité et paternellement, ménageaient soigneusement leurs forces dans le travail, et les égayaient par des cérémonies publiques, des processions où toutes les magnificences étaient prodiguées pour réjouir et amuser ces grands enfants.

Le travail lui-même avait un air de fête. On y marchait en commun au son de la flûte et du tambour, et portant en grande pompe l'image de quelque saint. Arrivé au lieu du travail, on faisait une sorte de reposoir en feuillage pour l'y abriter; le travail terminé, et il ne durait jamais plus d'une demi-journée, le retour au logis se faisait avec la même cérémonie. Les Indiens sont très-sensibles à la musique, aussi avait-on cultivé ce goût chez eux et formé des chœurs de musiciens qui exécutaient des morceaux des grands maîtres aux offices divins et dans les fêtes publiques. Les femmes ne dansaient jamais, mais les hommes avaient des sortes de danses guerrières, des tournois, présidés par la municipalité, vêtue ces jours-là de riches vêtements fabriqués en Europe; des feux d'artifice terminaient toujours la fête, et le lendemain on retournait au travail, travail facile s'il en fût sous un pareil climat.

Les choses marchèrent ainsi pendant plus d'un siècle, et, en 1750, les Missions étaient arrivées à leur plus haut point de prospérité. La renommée grossissait les trésors de ces contrées fermées au reste des Espagnols, car les Jésuites étaient restés inflexibles à l'endroit des communications de leurs néophytes avec le reste du monde. On parlait même de mines d'or et d'argent exploitées en secret, ce qui était complétement faux, comme les événements le prouvèrent plus tard. Mais on cherchait à s'expliquer ainsi une richesse qui n'était due qu'à la bonne organisation du travail. La prospérité dont jouissaient ces établissements excitait l'envie des Paraguayens, des Santa-Fecinos et des Buenos-Ayriens, qui d'ailleurs voyaient dans les Jésuites plutôt des étrangers que des Espagnols. Effectivement, une foule de ces Pères étaient Allemands, Français, Anglais. D'un autre côté, soumis exclusivement au supérieur des Missions, qui, résidant à Yapeyu, était nommé directement par la cour de Rome et avait le droit d'administrer le sacrement de la confirmation, les Pères semblaient ne pas dépendre de l'Espagne. Ils paraissaient en outre ne recevoir qu'avec peine les visites des gouverneurs ou des évêques du Paraguay et de Buenos-Ayres, avec lesquels ils avaient souvent été en lutte et qui les avaient même expulsés plusieurs fois, comme le firent l'évêque de l'Assomption Cardenas en 1646, et le commissaire de l'audience de Charcas, Antequera, en 1725.—Enfin, sauf lors du versement du produit de la capitation des Indiens montant à une piastre (5 francs 40 c.) par tête, pour chaque homme de dix-huit à cinquante ans, et 100 piastres par bourgade pour la dîme, qui étaient religieusement livrées au trésor royal, ils n'avaient presque aucune relation avec les agents de l'autorité espagnole.

Cette sorte d'indépendance, le bruit de ces richesses cachées, excitèrent la cupidité des gouverneurs et de tous ces employés qui ne venaient d'Europe que pour s'enrichir. Pendant de longues années, ce ne fut qu'un concert de plaintes qui fatiguèrent la cour de Madrid. On représenta les Jésuites comme voulant se rendre tout à fait indépendants. La résistance victorieuse que quelques Réductions avaient opposée aux attaques des Mamelucos fut regardée comme l'avant-coureur d'une levée de boucliers contre l'Espagne. Le motif réel de toutes ces plaintes n'était au fond que l'envie et le désir d'arriver à mettre la main sur des établissements qui devaient donner, se disait-on *in petto,* de si beaux bénéfices. Mais cette envie et cette cupidité étaient déguisées sous l'apparence d'une fausse compassion pour les Indiens, qu'on s'efforçait de représenter comme odieusement exploités par les Jésuites. On les peignait astreints à un communisme grossier, sous un régime où l'homme intelligent, laborieux et habile, n'était pas mieux récompensé qu'un maladroit ou un fainéant. On disait de plus que les Missions ne donnaient pas au trésor ce qu'elles devaient rapporter et que les Jésuites trompaient le roi..... — Les Pères n'ignoraient pas toutes ces plaintes intéressées, mais ils tenaient bon. La confiance que leur inspirait la haute influence dont ils disposaient en Europe, leur faisait braver la tempête qui lentement s'amassait contre eux.

Cependant la cour de Madrid fit quelques représentations au sujet du régime communiste suivi dans les Réductions et objecta, qu'au bout d'un siècle et demi d'expérience, les Indiens devaient être assez avancés en civilisation, pour qu'on pût les laisser un peu à eux-mêmes et leur permettre au moins la propriété. Les Jésuites répondirent que rien n'était plus juste, et commencèrent à faire quelques modifications dans le régime intérieur de leurs établissements. Mais le pli était tellement pris, il était si conforme au naturel des Indiens, que les choses allèrent naturellement comme par le passé.

En 1750, comme nous venons de le dire, les Missions étaient arrivées à leur plus haut point de splendeur. Les Jésuites de la Plata en étaient fiers, et leurs collègues en Europe en glorifiaient leur ordre jusqu'à l'imprudence. La philosophie du XVIIIe siècle qui battait en brèche le christianisme et qui avait des aceptes dans différents cabinets, commençait à faire une guerre acharnée à ces hardis champions de l'Église. On exploita contre eux la haine des Portugais, et surtout du marquis de Pombal; les événements qui survinrent de 1751 à 1756 achevèrent de les rendre suspects.

IV.

Les Portugais à la Colonia. — Traité de 1750 entre l'Espagne et le Portugal. — Cession des Missions orientales. — Résistance des Guaranis. — Guerre dite des Jésuites. — Annulation du traité en 1761.

Uniquement préoccupée de ses riches colonies du Mexique, du Pérou et de la côte de l'Océan Pacifique, l'Espagne jusqu'alors s'était assez peu inquiétée de ses domaines de la Plata, qui ne lui rapportaient rien, et dont les habitants, uniquement livrés à la vie pastorale ou à une agriculture misérable, passaient pour à moitié sauvages. — Tout l'immense territoire compris entre l'Uruguay et l'Atlantique était abandonné aux Charruas et aux Minuanes. En 1726 seulement, on apprécia les conditions avantageuses de la baie de Montevideo, et l'on décida la fondation de cette ville. Mais déjà, infatigables dans leur ardeur pour étendre leurs domaines du Brésil, les Portugais avaient pris les devants; et, dès 1692, ils avaient fondé la forteresse de la Colonia del Sacramento, en face même de Buenos-Ayres, sur la rive opposée de la Plata.

Les idées économiques de l'époque imposaient alors d'énormes et incroyables restrictions au commerce. Les objets de fabrication européenne devaient venir du Pérou, et les habitants de Buenos-Ayres avaient seulement droit d'envoyer tous les ans, en Europe, deux navires chargés des produits de leur industrie; encore, le commerce de Cadix, de Séville et de Malaga, fulminait-il contre cette concession. Cet absurde état de choses dura pendant tout le xviie siècle; mais quand la Colonia eut été fondée par les Portugais, la contrebande vint rétablir l'équilibre, et de grandes quantités de produits furent importées et exportées par cette voie. Dès lors, nouvelles plaintes de la part du commerce andalous, réclamations au cabinet de Madrid, et bientôt emploi de mesures coercitives contre les Portugais de la Colonia.

Enfin, après bien des querelles, l'Espagne, par l'article 5 du traité de 1701, céda au Portugal la pleine souveraineté de la Colonia, jusqu'à une portée de canon autour de son enceinte. Par le traité d'Utrecht (6 fév. 1715), cette souveraineté fut confirmée.

Tranquilles alors dans cette position, les Portugais donnèrent plus d'extension à leur commerce de contrebande, et de nombreux navires d'autres nations de l'Europe vinrent profiter de cette circonstance pour participer aux avantages de ce commerce presque direct. L'Espagne s'effraya de ces résultats, et, en 1749, il lui parut que le meilleur moyen de couper court à ce commerce illicite, c'était d'échanger la possession de la Colonia contre la cession de quelque autre portion de territoire. Les Portugais convoitaient la possession du haut Uruguay, et celle du vaste territoire des Missions Orientales. L'Espagne paraissait ignorer la valeur de ces contrées et tenir peu à sa suzeraineté, pour ainsi dire nominale, des missions. Le marquis de Pombal, qui dirigeait alors le cabinet de Lisbonne, profita habilement de toutes ces circonstances, et, le 13 janvier 1750, fut signé entre les deux couronnes, un traité établissant de nouvelles limites qui devaient être tracées par des commissaires nommés *ad hoc*.

Les signataires de ce traité, qui fut négocié dans le plus grand secret, comme si le cabinet de Madrid avait honte de son ignorance et de sa faiblesse, furent, pour l'Espagne, le secrétaire d'État Don José de Carvajal ; et pour le Portugal, Don Tomas da Silva Telles.

Par ce traité, les deux couronnes renonçaient à tous les traités antérieurs.

L'article concernant les Missions de la rive gauche ou orientales était ainsi conçu :

« Article 16. — Quant aux bourgs et villages que cède Sa Majesté Catholique
« sur la rive orientale de l'Uruguay, les missionnaires en sortiront avec leurs meu-
« bles et effets, emmenant avec eux les Indiens pour les établir sur d'autres
« terres appartenant à l'Espagne. Lesdits Indiens pourront également emporter
« leurs biens, meubles et demi-meubles (leurs troupeaux), les armes, poudre et
« munitions qu'ils possédaient. Les bourgs et villages se livreront, sous la forme

« voulue, à la couronne de Portugal, avec toutes leurs maisons, édifices et la pro-
« priété foncière du terrain. »

Ainsi, pour une affaire de contrebande, l'Espagne cédait au Portugal tout le terrain compris entre la Sierra do Herval, l'Uruguay et l'Ibicuy, territoire qui forme aujourd'hui les deux tiers de la vaste province brésilienne de Rio Grande do Sul; une population de 30,000 âmes, de riches *yerbales* et des établissements tout faits. De plus, elle livrait la possession du haut Paraguay, qui était restée en discussion jusqu'alors entre les deux couronnes.

Aussi, dès qu'il fut connu, ce traité excita en Europe un étonnement universel. Mably le jugea avec sa sagacité accoutumée. — « Ce traité, dit-il, rendait les « Portugais maîtres du cours supérieur du haut Paraguay, du Parana et de l'Uru- « guay, et leur permettait de faire la contrebande la plus facile, le long de ces « fleuves, parmi les Espagnols qui en habitaient les rives. La colonie du Saint- « Sacrement ne faisait la contrebande que le long d'une rive peu étendue, qu'il « était facile de garder avec peu de monde ; au lieu que, les points de contact des « deux peuples étant excessivement multipliés par l'échange demandé, la contre- « bande ne pouvait être empêchée sur tous les points qu'en construisant une « quantité de forts et répandant sur une vaste étendue de terrain une quantité de « troupes. — C'était, à vrai dire, par rapport à l'Espagne, fermer une fenêtre « pour se garantir des voleurs, et ouvrir toutes les portes. »

Si le traité de 1750 inspira à la fois de l'étonnement et de la réprobation en Europe, et surtout en Espagne, c'était encore bien pis en Amérique. Les Jésuites, qui avaient fini par en savoir les conditions, se remuaient avec une activité sans égale pour en obtenir la résiliation ; et l'on sait quelle était alors leur influence. Le ministre des affaires étrangères, de la marine et des Indes, marquis de la Ensenada, en reculait la ratification. En Amérique, le vice-roi du Pérou, l'audience royale de Charcas, tous les gouverneurs et évêques, adressaient au cabinet de Madrid les plus vives réclamations. Tout portait donc à croire que l'on obtiendrait des modifications.

Les Pères des Missions Orientales prévinrent alors leurs Indiens. Ces pauvres gens que l'on allait expulser sans cérémonie de leurs villages, furent naturellement fort peu satisfaits, et se décidèrent à la résistance. Il paraît que leurs directeurs ne cherchèrent point à les contenir, pensant que, l'affaire traînant en longueur, l'exécution du traité serait retardée jusqu'à sa rupture, que tout faisait espérer prochaine.

Cependant les commissaires espagnols et portugais étaient partis, et, vers le milieu de 1750, ils commencèrent leurs opérations de délimitation le long de la lagune de los Patos ; et, après s'être approchés de la Sierra do Herval, ils se dirigèrent vers les sources de l'Ibicuy, rivière qui, conjointement avec l'Uruguay, restait la nouvelle limite des deux couronnes. Ils étaient arrivés au petit fort portugais de Santa-Thecla, sur la limite des Missions Orientales, lorsque le cacique José Tirayu, dit Sépé, lieutenant royal du bourg de San-Miguel, se présenta brusquement à eux, à la tête d'une troupe de Guaranis dont le nombre grossissait à chaque instant. Sépé dit nettement aux commissaires qu'ils n'avaient pas le droit d'enlever aux Indiens un territoire que Dieu et saint Michel leur avaient donné. Le commissaire espagnol demanda alors pourquoi on s'opposait à leur passage et comment il se faisait que l'on n'exécutât pas les ordres du roi. « Je ne connais que ceux du Père supérieur et du curé, » répondit le chef indien. — Effrayés de cette démonstration, les commissaires se retirèrent en toute hâte : les Espagnols à Buenos-Ayres et les Portugais à la Colonia del Sacramento.

Il paraît qu'à ce même moment, le Portugal, fort au courant de ce qui se passait, et qui avait toujours montré une activité dénuée de scrupules à s'agrandir du côté de la Plata, avait prévu cette résistance. Par ses importunités, il avait forcé la main à l'Espagne, qui répugnait à employer des mesures violentes pour l'exécution du traité ; il la décida à envoyer pour commissaire principal le marquis de Lirios. Celui-ci était accompagné du père Altamirano, jésuite chargé par le général de la Compagnie d'amples pouvoirs pour obliger les curés à disposer les Indiens à obéir aux ordres du roi.

Malgré tout cela, un temps considérable se perdait en négociations diverses. Les Indiens tenaient bon et ne voulaient point évacuer leurs villages ; ils s'encourageaient mutuellement dans ce dessein, et l'on accuse le père Laurent Balda, curé de San-Miguel, de les avoir animés à la résistance armée. Au premier avis que lui transmit le père Taddée Henis, jésuite allemand, que les commissaires des limites recommençaient leurs opérations, il envoya à leur rencontre Sépé, à la tête de 600 Indiens en armes. Effrayé de l'orage qui commençait à gronder, le père Altamirano, qui était venu résider à Santo-Tomé, se vit dans l'impossibilité de contenir les Indiens, et, à la nouvelle que les Guaranis marchaient en bon ordre sur sa résidence, il s'enfuit précipitamment à Buenos-Ayres.

Les commissaires espagnols et portugais crurent alors devoir agir avec vigueur. Dans une conférence qui eut lieu en l'île de Martin-Garcia, en mars 1752, ils arrêtèrent le plan des opérations à suivre. Pendant ce temps, les Guaranis, furieux contre les Portugais, qu'ils haïssaient depuis un siècle et demi, et auxquels ils attribuaient avec raison tous leurs malheurs, allèrent attaquer la petite forteresse de Jesu-Maria, alors en construction, sur le Rio-Pardo. A leur tête marchait Sépé, assisté de deux pères Jésuites. On s'était procuré deux petites pièces d'artillerie en fer et l'attaque fut poussée vigoureusement ; elle échoua cependant et fut convertie en blocus. Isolés et sans vivres, les Portugais abandonnèrent la place, que ruinèrent aussitôt les Indiens.

Cet échec mit de la mésintelligence entre les deux nations. Le général portugais Freire se plaignait de ne pas être secondé par les Espagnols. Le gouverneur de Montevideo, D. José Adonaeguy, était, disait-il, dévoué aux Jésuites. Ces récriminations durèrent deux années et laissèrent du répit aux Indiens.

Cependant le Portugal insistait avec acharnement sur l'exécution du traité, et, à la fin de 1755, des ordres péremptoires des cabinets de Madrid et de Lisbonne vinrent dans la Plata. L'on forma alors une armée imposante de 1,000 Portugais et de 1,500 Espagnols, parfaitement équipés et munis de tout ce qui était nécessaire pour une longue campagne. Les troupes envahirent les Missions-Orientales au commencement de 1756, et vinrent attaquer les Indiens. Ceux-ci, sous le commandement de Nicolas Languiru, corrégidor de la Concepcion, s'étaient fortifiés sur la colline de Caybaté, non loin du bourg de San-Juan. Le 10 février, les Guaranis furent sommés de se rendre, et, sur leur refus, un combat acharné s'engagea. Les troupes européennes l'emportèrent sur le nombre; Nicolas fut tué avec ses principaux lieutenants et 1,200 Indiens avec lui. On ne fit que 127 prisonniers ; le reste s'enfuit dans les bois, où l'on essaya, mais infructueusement, de les poursuivre.

Malgré ce terrible échec, les Indiens ne perdirent point courage. A leur inferiorité sous le rapport de l'armement et de l'instruction militaire, ils suppléèrent par la ténacité. Ils construisirent quelques pièces de canon en bois dur entouré de cuir de taureau ; d'autres pièces en énormes bambous, également cerclées de cuir. Ils se perfectionnèrent dans le maniement de l'arc et de quelques fusils dont ils étaient en possession. Avec ces faibles moyens, ils disputèrent à l'armée combinée tous les passages des bois et des montagnes et opposèrent les plus grandes difficultés à sa marche. Mais enfin les Européens l'emportèrent, et le découragement se mit parmi les Guaranis. Les Pères de la Compagnie évacuèrent la Mission de San-Luis avec tout leur monde; le père Balda en fit autant à San-Miguel, à l'approche des Portugais. Les alliés l'accusèrent d'avoir donné ordre d'incendier l'église, qui était une des plus belles des Missions. L'incendie fut heureusement éteint. San-Lorenzo fut surpris avant que les Indiens eussent pu fuir, et l'on fit prisonniers les deux Pères. Ces revers amenèrent la soumission de San-Angel, de San-Juan, puis de San-Nicolas.

Cependant la plupart des Guaranis capables de porter les armes avaient fui dans les bois ; de là ils enlevaient les soldats isolés et jusqu'à des détachements entiers ; ils détournaient le bétail et coupaient les vivres aux deux armées. Au milieu de ce désordre, la mesure de l'évacuation ne pouvait s'exécuter. En outre, les troupes espagnoles étaient souverainement dégoûtées du métier qu'on leur faisait faire et d'une guerre qu'elles sentaient contre leurs intérêts; elles la menaient très-mollement, tandis que les Portugais y mettaient toute l'activité possible.

D'un autre côté, les commissaires espagnols ne se pressaient pas de continuer l'opération du signalement des limites. Fatigué de les attendre, le général portugais, Freire, abandonna la partie et se replia sur la forteresse de Rio-Pardo, avec ses troupes bien réduites. Les Missions restèrent donc nominalement au Portugal; mais les Indiens ne les évacuèrent pas, quoique les Espagnols accusent leurs rivaux d'en avoir transporté violemment un certain nombre à Rio-Pardo et à Porto-Alegre, où ils auraient été traités à peu près à l'égal des nègres. La démarcation des limites fut reprise et continua lentement, avec beaucoup de mauvaise volonté de part et d'autre.

Cette guerre, médiocrement glorieuse, avait coûté, dit-on, au Portugal 26 millions de cruzades (156 millions de francs). Comme il se trouvait avoir payé fort cher une conquête illusoire, on s'en prit aux Jésuites. Pombal, leur ennemi mortel, profita de l'occasion, et les fit expulser de tous les domaines de la couronne portugaise en 1759.

Ces événements, accomplis sur un théâtre aussi éloigné de l'Europe, ont été racontés de mille manières, et entremêlés d'une foule de fables comme celle du roi Nicolas, qui n'était autre chose que ce brave Languiru tué à Caybaté. — On a fait de cette guerre un grand crime aux Jésuites, comme si c'étaient eux qui l'avaient provoquée. On n'a point réfléchi à l'atrocité qu'il y avait d'expulser violemment de ses foyers une population de 30,000 âmes, pour que la contrebande ne diminuât pas les gains de quelques négociants de la métropole. — Les Indiens avaient toujours été fidèles et dévoués; maintes fois ils avaient versé leur sang pour l'Espagne, dans les guerres contre les Portugais, et l'exil devenait ainsi la récompense de leurs services. Les Jésuites étaient les défenseurs naturels de leurs ouailles; ils avaient de fortes raisons pour espérer une modification très-prochaine dans ce malheureux traité : il n'est donc point étonnant qu'ils aient résisté. Si les Indiens eussent été mieux armés et mieux exercés, il est probable que la tâche des alliés eût été plus difficile, et peut-être même impossible.

Les événements ultérieurs justifièrent d'ailleurs la résistance opposée à cet inique et fatal traité. Quatre ans après la conclusion de cette guerre, le 12 février 1761, il était annulé, et en 1762 la guerre recommençait entre les deux couronnes. Mais la lutte se concentra cette fois sur les côtes de la lagune Mirim, et les Missions-Orientales, rendues à la paix et à leurs anciens directeurs, y restèrent complètement étrangères. L'origine de tout ce fracas, la forteresse de la Colonia, fut prise par les Espagnols, qui ne la rendirent plus.

Telle fut la guerre dite des Jésuites contre les Espagnols et les Portugais, guerre dont on a fait tant de bruit, et qui servit si fort les accusations portées contre cet Ordre célèbre. Nous sommes entré dans quelques détails, parce que ces événements sont presque complètement inconnus de l'Europe, et qu'il nous semblait utile de rétablir les faits sous leur véritable point de vue, en racontant simplement ce qui s'était passé, sans rien augmenter ni rien diminuer des torts de chacun.

V.

Reproches faits aux Jésuites ; richesses, mines, objets précieux, fermes à bétail, armement, règlement militaire.

Nous avons dit que l'époque qui précéda le déplorable traité de 1750, fut la plus florissante des Missions ; et comment cette prospérité, due à l'intelligence et à la bonne conduite des directeurs de ces vastes établissements, excitait une jalousie furieuse. — La publication de la carte de leurs possessions, en 1748, fut un prétexte à des attaques que la guerre de 1751 ne put que rendre plus vives, car on s'attacha à les rendre suspects à l'ombrageux et indolent cabinet de Madrid, en les représentant comme voulant former un *imperium in imperio*, c'est-à-dire se rendre tout à fait indépendants. La haine et le dépit du Portugal, les plaintes et les réclamations incessantes des gouverneurs de Buenos-Ayres et du Paraguay, réussirent enfin à égarer le gouvernement espagnol ; mais, en réalité, l'immense fortune acquise par le travail bien dirigé des communautés fut le principal motif des mesures adoptées en 1767 contre la compagnie.

Cette fortune était réelle ; toutefois la plus grande partie était employée à l'ornement des églises, et aux fêtes dont les missionnaires amusaient les Indiens ; le reste allait en Europe. — Dans un pays où la fainéantise et le gaspillage constituaient le caractère principal des habitants, les Jésuites étaient parvenus à faire travailler les Indiens de telle sorte que, sans jamais durer plus d'une demi-journée, leur travail fût très-productif. Ils les nourrissaient bien, les soignaient dans leurs maladies, les traitaient avec douceur et affection ; aussi étaient-ils adorés de leurs ouailles.

Leurs fermes à bétail ou estancias étaient les plus belles de tout le pays. C'était naturel, puisqu'elles étaient bien dirigées : chaque ferme avait sa chapelle, son bosquet d'orangers et d'arbres fruitiers, dont on retrouve encore les traces. Près de chaque Mission, il y avait un certain nombre d'oratoires bien situés, bien ombragés, autour desquels s'étendaient les cultures. On leur fit presque un crime de cette bonne organisation, dans un pays où le pasteur, grossier et inintelligent, n'avait su construire jusqu'alors qu'une chaumière en boue, ouverte à tous les vents sur une hauteur, et sans un arbre qui pût l'abriter. — On leur reprochait le nombre et la population de leurs estancias, parce qu'ils avaient soin de faire ramasser le bétail sauvage et de le mêler aux animaux déjà apprivoisés, au lieu de leur donner ces chasses brutales où l'on tue l'animal simplement pour le cuir, comme faisaient les Gauchos de la Pampa.

Leurs établissements étaient en effet magnifiques; on en parle encore aujourd'hui dans les pays voisins des Missions, et les estancias de Tambuineta, de San-Agustin, de San-Xavier, de San-Clemente, le long de la lagune Ibera; — celles de San-Miguel, San-Estanislao, San-Geronimo, Concepcion, Tatarahy, sur la rive droite de l'Aguapey; — celles de Jesus-Nazareno, Santa-Rosa, San-Isidro, Nuestra Señora de Mercedès, Casa-Pava, San-Alonzo, Santa-Maria, Santa-Marta, Santo-Tomas, entre cette rivière et l'Uruguay; de San-Borgita, Curupay, Santa-Tecla, San-Gonzalo, Santa-Maria, Rosario et Caraguaty, sur la rive méridionale du Parana, entre l'Ibera et ce fleuve; — ont conservé une réputation qui ne s'effacera point de sitôt dans ces régions.

Indépendamment de l'élève du bétail, qui est l'industrie première et essentielle de la Mésopotamie que forment le Parana et l'Uruguay, les Pères avaient su profiter des avantages qu'offraient la récolte et la culture de l'arbre qui donne l'herbe-maté; ils ne s'étaient pas contentés, comme on le fait aujourd'hui, de recueillir les produits de l'arbre silvestre, mais ils en avaient perfectionné la culture, ils en avaient planté des bois entiers autour de toutes leurs Missions voisines de la Sierra propice à la croissance de cet arbre précieux. La préparation de la feuille était faite avec soin; aussi tout ce qui venait des Missions avait-il une préférence marquée sur les marchés de Buenos-Ayres. Ils pouvaient en fournir jusqu'à 40,000 arrobes (480,000 kilogrammes), quoique, sur les réclamations faites par les marchands de l'Assomption, une cédule royale de 1679 eût restreint ce nombre à 12,000. En général, tous les produits des Missions avaient la supériorité sur les autres, parce que leur préparation était rationnelle et sortait de la routine où elle est retombée depuis dans ces mêmes contrées.

Quant aux Pères qui dirigeaient les Missions, ils vivaient sans aucune espèce de confortable, et leurs colléges, que nous avons vus nous-même, ne différaient en rien des maisons des Indiens, si ce n'est par le nombre des pièces qui était plus considérable; c'était une maison sombre et basse comme les autres, souvent sans carreaux aux fenêtres, avec une double galerie portée par des piliers en bois ou en pierre. Le seul luxe qu'ils se permettaient était celui d'un beau jardin bien planté d'orangers, de vignes, de figuiers, de pêchers, de grenadiers, de goyaviers, de bananiers, etc., etc., et d'un potager où ils réunissaient presque tous les légumes d'Europe. Or, ce luxe était simple et peu coûteux; tout propriétaire intelligent dans les Missions pourra se le donner à peu de frais, puisqu'il n'y a là qu'à vouloir. On avait répandu également le bruit qu'il y avait de riches mines d'or et d'argent que les Pères exploitaient en secret sans rien donner de leur produit à la couronne. La suite prouva que ce bruit n'était qu'une fable inventée par la malveillance, et propagée par la sottise et la cupidité. On n'a jamais trouvé là que des indices de gisements de cuivre et de fer, que les Jésuites n'avaient pas même exploités.

Enfin, disait-on, les Indiens étaient armés, ils fabriquaient de la poudre; les allures belliqueuses de certains Pères portaient à faire soupçonner des velléités d'indépendance ; on avait vu de véritables règlements militaires signés et mis à exécution. — Rien n'était plus vrai que cela; mais, en transcrivant ces règlements eux-mêmes, nous allons voir combien ces accusations étaient perfides et exagérées.

Nous savons déjà combien les Mamelucos avaient poursuivi les Guaranis, à tel point que la plupart des Missions fondées dans le principe vers le nord et en dedans du tropique avaient été obligées de se transporter bien plus au sud et avaient fini par se concentrer sur les bords du Parana et de l'Uruguay. En 1648, les Jésuites avaient obtenu la permission d'armer leurs néophytes pour repousser ces attaques. Mais les Mamelucos n'étaient pas les seuls qui fussent à craindre; des hordes belliqueuses et robustes de Tupis erraient dans le voisinage des Missions; il fallait pouvoir les repousser, lorsqu'elles faisaient quelque excursion. Il y eut donc nécessité absolue d'établir une force militaire sous la conduite d'un cacique particulier. Les Espagnols furent, d'un autre côté, fort heureux d'en profiter dans leurs guerres contre les Portugais, surtout lors de la fondation de Montevideo.

Voici donc le texte de ces règlements qui traitent de l'arsenal et des armes.

Portrait du roi. — Le portrait du roi, notre maître et seigneur, et de ses *armes,* doit être placé dans l'arsenal, pour être de temps en temps exposé en public, comme d'usage.

Signé le père Visiteur, 1732.

Armes à feu. — Il ne doit pas être permis que les Indiens possèdent chez eux des armes à feu, ni en usent comme étant à eux; elles devront être ramassées, déposées à l'arsenal commun ; et, lorsque l'un d'eux ira en voyage, il ne pourra en emporter sans la permission du Père supérieur.

Exercice des dimanches. — Tous mes prédécesseurs ont recommandé l'exercice et l'apprentissage du maniement des armes de toute espèce. Je le recommande de nouveau, d'après les ordres de Sa Majesté; que l'on fasse quelquefois la petite guerre, et ces jours-là on donnera aux Indiens des rations extraordinaires de viande, herbe-maté, sel, etc., pour les encourager; tous les mois on devra tirer au moins une fois au blanc.

Signé les pères Zea, Herman, Michoni, Bernard.

Petite guerre. — Les alertes et la petite guerre doivent se faire en présence du curé et de son compagnon, c'est l'ordre exprès de nos généraux.

Signé le père Luis de la Roca.

Armes à feu. — Dans chaque Mission, il faudra exercer quelques jeunes gens adroits au maniement du fusil et les encourager à cet exercice.

Signé le père Hardoffer.

Revue militaire des dimanches. — Tous les dimanches, tous les hommes, depuis l'âge de sept ans, devront se présenter avec leurs armes et leurs flèches. Ceux qui ne le feront pas seront punis par les curés. De temps en temps, le maître de camp et le sergent-major s'assureront s'il y a assez de flèches et si ces armes sont en bon état.

Signé les pères Zea et Bernard.

Enfants. — Les enfants doivent également faire l'exercice et passer des revues.

Signé le père Machoni.

Chevaux réservés. — Chaque Mission aura en réserve 200 chevaux en bon état, afin qu'on puisse s'en servir en cas d'alerte ou de guerre.

Signé le père Bernard.

Provisions d'armes. — Chaque Mission aura au moins 60 lances et 60 haches, 700 flèches ferrées, de bons arcs, des frondes et des pierres de jet. Deux Indiens seront commis au soin de ces armes pour les tenir toujours propres et en bon état.

Signé le père Zea.

Sentinelles. — Chaque nuit il doit y avoir une sentinelle qui fasse la ronde dans l'intérieur et autour de chaque bourg.

Signé le père Ignacio Frias.

Poudre. — On fera de la poudre autant que l'on pourra dans chaque Mission.

Signé le père Zea.

Intendants militaires et leurs assesseurs. — Pour les cas urgents de guerre, il y aura quatre sous-intendants nommés par le Père provincial : un pour le haut Uruguay, un autre pour le canton de Yapeyu, un troisième pour l'autre côté de l'Uruguay, le quatrième pour le Parana.

Frontière portugaise. — Les Missions de la rive gauche de l'Uruguay fourniront les détachements habituels et aux temps ordinaires, pour la garde et la surveillance des forêts de pins sur la frontière du Brésil. On leur indiquera les points les plus importants.

Signé les pères Frias et Aguirre.

Telles sont ces institutions militaires dont on a fait grand bruit et qui n'étaient pourtant que de stricte nécessité, puisqu'il n'y avait aucune troupe espagnole pour protéger les Indiens contre leurs différents ennemis.

Les gouverneurs du Paraguay avaient laissé détruire, ainsi que nous l'avons dit plus haut, les Missions de la Guayra, fondées par les pères Lorenzana et San-Martin. Les Paulistes y avaient enlevé de vive force 15,000 Guaranis, qui avaient été vendus en place publique à Saint-Paul, et le fameux Manoel Pinto était arrivé à se vanter d'avoir dans sa ferme (fazenda) jusqu'à 1,000 Indiens capables de manier l'arc et la flèche. Ils avaient détruit, de plus, plusieurs villes espagnoles, telles que Ontiveros, Xérès; il n'était donc pas étonnant que la cour de Madrid eût non-seulement autorisé, mais encouragé les Jésuites à discipliner leurs Indiens. Lorsqu'en 1676, les incursions des Paulistes recommencèrent, malgré les injonctions de la cour de Lisbonne et les réclamations énergiques de la cour de Madrid, la ville d'Espiritu-Santo, dernier établissement des Espagnols sur le haut Parana, fut détruite et quelques Indiens des villages voisins, et surtout des commanderies de ce canton, furent de nouveau emmenés captifs, mais non pas comme autrefois sans résistance. Les Pères défendirent vigoureusement leurs ouailles et l'on cite les jésuites Mateo Sanchez et Alfaro, qui catéchisaient encore des néophytes dans cette province, comme ayant déployé une valeur remarquable. Aussi les Paulistes n'y revinrent plus, surtout après que cette dernière alerte eut permis aux Jésuites de perfectionner l'organisation militaire de leurs Réductions nouvelles du moyen Parana et du haut Uruguay. On fit venir du Chili quelques Pères qui avaient été militaires, et c'est alors que furent rédigées la plupart des ordonnances que nous avons citées.

A partir de cette époque, les exercices se firent avec régularité dans chaque Mission. Il y eut deux compagnies de cavaliers composées des hommes les plus actifs et les plus vigoureux, qui s'exerçaient au maniement de la lance, du lazo, et formaient de bons chevaux de combat. Des jeux de bague publics et des sortes de carrousels entretinrent l'émulation.

Lorsque, vers la fin du XVII° siècle, les Missions eurent toutes été reportées au sud de l'Y-Guazu, entre le Parana et l'Uruguay, les Paulistes, qui avaient éprouvé plusieurs échecs dans des expéditions tentées si loin de leur capitale, renoncèrent définitivement à leurs attaques. Quant aux Minuanes et aux Charruas qui entouraient les Missions orientales, ils furent battus en diverses rencontres et cessèrent également leurs incursions.

Les Missions entrèrent donc dans une paix profonde, qui ne fut troublée que par quelques invasions partielles d'Indiens sauvages de la Sierra du Brésil, qui furent toujours repoussés, et pour se défendre desquels les Pères établirent des gardes le long de la Sierra do Herval et aux limites de la grande forêt de pins araucarias qui couvre une partie de la Sierra limitrophe de la province de Sainte-Catherine et servait de passage aux tribus barbares.

Quant à la poudre, dont on accusait les Jésuites de faire provision dans la prévision d'une nouvelle lutte contre l'autorité espagnole, celle que l'on trouva dans leurs magasins, à leur expulsion, prouve à quoi la plus grande partie était destinée. Les Indiens d'autrefois, comme les Gauchos d'aujourd'hui, sont fous des pétards et des feux d'artifice. Les missionnaires ne leur refusaient point ce plaisir, et tous les jours de fête il y avait sur la place publique des fusées et des feux de réjouissance. La poudre de guerre était en petite quantité, ainsi que les fusils; la guerre de 1751 le prouva bien, quoiqu'on ait exagéré, jusqu'au ridicule, le nombre des provisions et ustensiles de guerre que l'on disait accumulés dans les Missions.

Voilà donc à quoi se réduisait leur état militaire. Les Guaranis sont peu belliqueux, et ne deviennent bons soldats qu'au bout d'un temps assez long et après des exercices multipliés. Parmi eux se trouvaient quelques hommes de courage, comme Sepé, comme Nicolas; mais il n'est jamais sorti de leurs rangs un capitaine réellement distingué, pas plus du temps des Jésuites que plus tard.

Reprenons maintenant le récit des événements qui se sont écoulés depuis un siècle.

VI.

Expulsion des Jésuites en 1767. — Désolation des Indiens, leur lettre au gouverneur Bucarelli. — Organisation nouvelle des Missions. — Division administrative. — Municipalité indienne. — Décadence des Missions.

L'ordre succomba enfin en Europe, et son expulsion de France fut contemporaine de sa chute en Portugal et en Espagne. Le Portugal se distingua surtout par son acharnement contre eux; dirigé par Pombal, leur ennemi personnel, le cabinet de Lisbonne les bannit de ses possessions, au commencement de 1759; leurs biens furent confisqués, et on les envoya eux-mêmes au pape. Il est probable que la guerre des Missions n'était pas étrangère à cette haine et à cette vengeance. Huit ans après, l'édit de Charles III, du 2 avril 1767, les expulsa également de l'Espagne et de ses colonies (1).

(1) On s'expliquerait difficilement la conduite du gouvernement espagnol en cette occasion, si l'on ne savait que les gouvernements, comme les peuples, sont pris, par époques, de certains accès de vertige, d'erreur et d'injustice, de préjugés dont on se rit dans l'âge suivant, alors que les événements sont venus châtier durement ces folies et que le temps a ramené le bon sens et l'équité. Presque toutes les nations de l'Europe ont passé par là depuis un siècle et y passeront encore. C'est la loi providentielle qui veut que les hommes s'instruisent à leurs dépens et que les progrès matériels et moraux du monde soient achetés chèrement.

Le philosophisme triomphait dans la dernière moitié du dix-huitième siècle, il avait surtout des adeptes dans les classes élevées ; le roi d'Espagne, Charles III, se laissa emporter par le torrent ; et, à lire le texte des ordonnances qui abolirent la Compagnie de Jésus dans tous les domaines de l'Espagne, on a peine à s'expliquer comment un prince aussi distingué ait pu se laisser entraîner à un tel excès de craintes puériles et d'iniques préventions. En effet, en examinant le luxe de précautions prises pour que le même jour et à la même heure, dans le royaume et toutes ses colonies, les Jésuites des différentes provinces fussent brusquement saisis et conduits sous bonne garde au port d'embarquement, on croirait qu'il ne voyait plus en eux qu'une société de fanatiques, laquelle, en plein dix-huitième siècle, comme jadis celle des agents du Vieux de la Montagne, au treizième, menaçait tous les rois et tous les gouvernements. — Comme partout et en tout temps, les agents du pouvoir, pour faire du zèle, rendirent plus acerbes encore les mesures dont l'exécution leur était confiée, et le gouverneur de Buenos-Ayres, Bucarelli, fut dans ce cas.

Les Jésuites avaient, à Cordova, le centre de l'administration de leur vaste province du Paraguay, qui comprenait une grande partie de l'Amérique méridionale. Le grand collège (*Colegio Maximo de San-Carlos*) de cette ville renfermait les principaux Pères et le noviciat. En 1767, leur maison y comptait cent trente-trois religieux ; le nombre total des Pères répandus dans les autres maisons de la province, à Buenos-Ayres, à Santa-Fé, à la Rioja, à Salta, aux Missions, enfin dans les gouvernements de Buenos-Ayres, du Paraguay, du Tucuman et de Cuyo, était considérable. — Le 21 juillet de cette même année, la maison de Cordova fut occupée de nuit par le lieutenant Fabro envoyé par Bucarelli, et l'on mit le scellé sur la caisse, la bibliothèque, etc., etc. La caisse renfermait 16,302 piastres, dont 9,000 seulement parvinrent au gouverneur ; la bibliothèque fut dispersée ; les bâtiments, les fermes à bétail, les esclaves, furent confisqués. Deux cent soixante et onze Jésuites furent envoyés à

Dans la Plata, leurs adversaires triomphèrent alors, et le gouverneur de Buenos-Ayres, Bucarelli, homme violent, depuis longtemps leur adversaire, se hâta de mettre à exécution les ordres reçus de Madrid. Les Pères furent violemment arrachés du milieu de leurs néophytes en pleurs, jetés sur des navires et expédiés en Europe, où la Russie leur offrit un refuge. Bucarelli avait prétendu que les Indiens, poussés par leurs directeurs, étaient prêts à se révolter : ces pauvres gens, habitués à respecter le roi à l'égal de Dieu, se soumirent à tout ce qu'on leur ordonna en son nom, et se bornèrent aux plus humbles supplies pour conserver leurs missionnaires. L'histoire a conservé la lettre en guarani que la municipalité de San-Luis adressa à ce gouverneur pour lui demander de lui renvoyer ses anciens prêtres. Cette lettre, la voici :

Lettre de la municipalité de la Mission de San Luis de Gonzaga, au gouverneur de Buenos-Ayres, marquis de Bucarelli.

I. H. S.

Nous, la municipalité (cabildo), et tous les caciques et Indiens, femmes et enfants de San-Luis, demandons à Dieu qu'il tienne en sa sainte garde V. E. qui est notre père.

Le corregidor Santiago Peredo, et D. Pantaleon Coyuari, avec l'affection qu'ils nous portent, nous ont écrit pour nous demander certains oiseaux qu'ils désirent envoyer au roi, et nous regrettons vivement de ne pouvoir nous les procurer, car ces oiseaux vivent dans les bois où Dieu les a créés, et ils s'éloignent de nous, de façon que nous ne pouvons les atteindre. Mais nous n'en sommes pas moins les sujets de Dieu et du roi, et toujours heureux de complaire aux désirs de ses ministres en tout ce qu'ils nous demandent. En effet, n'est-il pas vrai que nous sommes allés trois fois jusqu'à la Colonia pour offrir nos secours? N'est-il pas vrai que nous travaillons pour payer le tribut? Et maintenant nous prions Dieu

---

Buenos-Ayres et de là en Europe. Le gouverneur du Tucuman, Campero, fut chargé d'une exécution pareille dans sa circonscription. A la fin de l'année, il ne restait plus aucun de ces religieux dans tout le bassin de la Plata, les derniers ayant été expédiés en Espagne, au nombre de cent cinquante-trois, à bord de la frégate Esmeralda.

A Cordova, l'Université et le Collége de Montserrat furent placés sous la direction des Franciscains; à Buenos-Ayres, on appliqua leurs propriétés à l'établissement d'un collége royal. Partout ailleurs, leurs maisons furent données aux Dominicains et aux Franciscains. Quant aux fermes, elles furent vendues à vil prix, ou laissées à quelques fonctionnaires, et tombèrent depuis en ruine; quelques-unes seulement sont restées à l'État jusqu'à l'époque actuelle. La plupart de ces beaux établissements ont donc péri.

Cette mesure fut accueillie avec stupeur par la majorité des habitants de l'Amérique du Sud, habituée à voir dans les pères Jésuites les sujets les plus fidèles de l'Espagne, les soutiens ardents et infatigables du catholicisme, les promoteurs de la civilisation chez les Indiens, les propagateurs de l'instruction chez les Créoles. — Un siècle s'est écoulé depuis et ils n'ont point été remplacés. (Voyez Funès, *Ensayo de la Historia civil del Paraguay, Buenos-Ayres y Tucuman.* — Tome III.)

que le plus beau de tous les oiseaux, le Saint-Esprit, descende sur le roi et l'éclaire, et que son saint ange gardien l'accompagne.

Pleins de confiance en V. E., nous venons, en toute humilité et les larmes aux yeux, la supplier de permettre aux enfants de saint Ignace, aux Pères de la Compagnie de Jésus, de continuer à résider parmi nous et de rester toujours ici. Pour l'amour de Dieu, nous supplions V. E. de vouloir bien demander cela au roi. Tout notre village, hommes, femmes et enfants, et surtout les pauvres, vous adressent cette supplique le visage baigné de larmes. Quant aux moines et aux prêtres que l'on nous a envoyés pour remplacer les Pères de la Compagnie de Jésus, nous n'en voulons point. L'apôtre saint Thomas, ministre de Dieu, a lui-même évangélisé nos ancêtres dans ces mêmes contrées. Ces moines et ces prêtres ne nous donnent aucun soin, tandis que les fils de saint Ignace étaient pleins de bonté pour nous. Ce sont eux qui, dès le principe, ont eu soin de nos pères, les ont instruits, les ont baptisés, et les ont sauvés pour Dieu et pour le roi. Mais quant à ces moines et à ces clercs, nous n'en voulons en aucune façon.

Les Pères de la Compagnie de Jésus savaient être indulgents pour nos faiblesses, et nous étions heureux sous leur direction par l'amour que nous portions à Dieu et au roi. Si V. E., bon seigneur gouverneur, veut prêter l'oreille à notre supplique, et nous accorder ce que nous demandons, nous payerons un tribut plus considérable en herbe-maté. Nous ne sommes pas des esclaves et nous voulons faire voir que nous n'aimons pas la coutume espagnole qui veut chacun pour soi, au lieu de s'entr'aider mutuellement dans ses travaux quotidiens.

Ceci est la vérité simple et nue, et nous la faisons connaître à V. E., afin qu'elle y fasse attention, sinon cette Mission se perdra comme les autres. Nous serons perdus pour Dieu et pour le roi; nous tomberons sous l'influence du démon, et où trouverons-nous alors du secours à l'heure de notre mort? Nos enfants qui sont à présent dans les campagnes et dans les villages, si, à leur retour, ils ne rencontrent plus les fils de saint Ignace, s'enfuiront dans les bois pour y faire le mal. Déjà il paraît que les gens de San-Joaquin, San-Estanislao, San-Fernando et Timbo, sont perdus; nous le savons très-bien, et nous le disons à V. E. Les municipalités elles-mêmes ne sont plus capables de les rappeler sous l'autorité de Dieu et du roi, comme ils y étaient auparavant.

Ainsi donc, bon gouverneur, accordez-nous ce que nous vous demandons, et que Dieu vous aide et vous garde.

Voilà ce que nous vous disons, au nom du peuple de San-Luis, aujourd'hui, 28 février 1768.

Vos humbles serviteurs et enfants.

Signé : *Les membres du cabildo de la Mission de San-Luis.*

Bucarelli crut voir, dans cette demande si naïve et si modeste, un commencement d'insurrection. Il fit marcher des troupes sur les Missions; mais, au lieu d'Indiens armés, il ne trouva que de pauvres gens timides et prosternés, qui considéraient comme un insigne honneur que le roi eût envoyé un si grand personnage pour les examiner. Ils ne firent pas la moindre difficulté à recevoir les nouveaux administrateurs civils qu'on leur imposait, et les Pères Franciscains, qui remplaçaient les Jésuites pour le spirituel.

Malheureusement ce n'étaient plus les mêmes hommes. Au lieu de directeurs habiles et bons, qui les considéraient comme leurs enfants, qui s'occupaient de leur amélioration physique et morale, de religieux qui se respectaient trop pour donner à leurs ouailles l'exemple de l'immoralité, ils eurent des gouverneurs civils qui, placés là pour un temps limité, ne cherchèrent qu'à faire leurs affaires, en tirant du travail des pauvres Indiens tout ce qu'on en pouvait tirer. Ce fut le retour des *encomiendas mitayas*, mais entre les mains d'hommes âpres à la curée, qui avaient hâte de faire leur fortune pour aller en jouir en Europe. Le trésor royal n'y gagna rien, et les Missions déclinèrent rapidement. D'un autre côté, les Pères Franciscains qui avaient remplacé les Jésuites n'avaient ni l'habileté ni la tenue de leurs prédécesseurs; leurs mœurs n'étaient pas les mêmes; ils perdirent vite de l'influence que leur devait donner leur caractère. Dans les trente années qui suivirent l'expulsion des Jésuites, la population avait diminué de plus de moitié. Beaucoup d'Indiens mécontents étaient retournés dans leurs bois; d'autres avaient quitté les Missions et étaient allés se mêler au reste de la population du Paraguay, de Corrientes et de l'Entre-Rios. — De telle sorte qu'en 1796, Azara, dont les récits confirment une partie des détails que nous venons de donner, et qui est fort loin d'être partisan des Jésuites, n'attribue plus qu'une population de 45,000 âmes aux trente missions du Parana et de l'Uruguay, qui subsistaient encore à cette époque, tandis qu'elle était au moins de 100,000 trente années auparavant.

Et cependant, lors de leur expulsion aussi brutale qu'injuste et maladroite, les Jésuites avaient laissé leurs administrés dans l'abondance de toutes choses; les magasins étaient bien fournis, les estancias couvertes de bétail. Les Indiens, formés à une exacte obéissance, avaient accepté en pleurant, mais sans résister, le nouveau régime qu'on leur imposait.

Le gouvernement espagnol crut devoir diviser la juridiction des Missions, qui jusqu'alors avait été dans une seule main.

Les onze Missions du Paraguay et les cinq sur la rive gauche du Parana furent placées sous la dépendance du gouvernement du Paraguay. Les dix entre les deux fleuves et les sept de l'autre côté de l'Uruguay dépendirent de Buenos-Ayres. Un gouverneur général résidant à Candelaria dépendait à la fois des deux gouvernements, et il avait sous ses ordres un lieutenant-gouverneur toujours choisi parmi les officiers de troupes de ligne ou de milices, pour chacun des sept départements dans lesquels on répartit le territoire entier.

Ces sept départements furent ceux de :

San-Miguel, — comprenant les Missions orientales moins San-Borja;

Yapeyù, — comprenant Yapeyù, La Cruz, San-Borja et Santo-Tomé;

Apostoles, — comprenant Apostoles, San-Carlos, San-José, Martires, Concepcion, Santa-Maria-la-Mayor et San-Xavier;

Candelaria, — comprenant les cinq bourgs sur la rive gauche du Parana, Candelaria, Santa-Ana, Loreto, San-Ignacio-Mini et Corpus;

Itapua, — comprenant Itapua, Jesus, Trinidad et San-Cosme, sur la rive droite du Parana, dans le Paraguay;

San-Ignacio-Guazu, — comprenant San-Ignacio-Guazu, Santiago, Santa-Rosa et Santa-Maria de Fé, près du Tebicuari;

San-Estanislao, au nord, comprenant San-Estanislao, San-Joaquin et Belen. — Les Jésuites avaient donné à ce groupe le nom de Missions de Taruma.

Cette division était logique, et répondait à la situation topographique de ces groupes.

Des Pères Franciscains, Dominicains et de la Merci furent chargés du spirituel. Ils furent répartis deux par deux, l'un comme curé, l'autre comme vicaire, dans chaque Réduction, et durent remplacer en tout et pour tout les Jésuites.

Les Indiens continuèrent à vivre en communauté. On avait reconnu que le seul moyen de les faire travailler et de pourvoir sérieusement à leurs besoins était de suivre les errements des Jésuites, qui certainement, avec l'intelligence qu'ils avaient, n'auraient point établi un pareil régime s'il n'y eût eu nécessité ; la suite le prouva de reste. Seulement on y fit quelques modifications : les Guaranis durent travailler une semaine pour la communauté et une autre pour eux ; ils continuèrent à aller aux *yerbales* par détachements, à soigner les estancias. La communauté fournissait à chaque famille des rations de viande, d'herbe-maté et de sel, une certaine quantité d'étoffes pour vêtements. Le reste, ils avaient à se le procurer eux-mêmes. Les Indiennes devaient filer du coton ; on leur en donnait dix onces par semaine, pour lesquelles elles étaient obligées de rendre trois onces de fil. Des châtiments corporels punissaient le non-accomplissement de cette tâche.

Quant à la capitation établie depuis plus d'un siècle, en 1649, par le vice-roi du Pérou, Salvatierra, et confirmée par cédule royale, en 1661, elle fut continuée. Cette capitation était d'une piastre par tête, et frappait tous les Indiens de dix-huit à cinquante ans, à l'exception des caciques, de leur fils aîné et des douze membres du cabildo ou municipalité.

Ce cabildo, déjà existant du temps des Jésuites, fut augmenté. Il se composa exclusivement d'Indiens, avec les titres suivants : un corregidor, un sous-corregidor, deux alcades, quatre régisseurs, un alcade de confrérie, un alguazil-major, deux majordomes et deux secrétaires. A l'exception des deux premières, toutes ces charges étaient amovibles, et chaque membre du cabildo pouvait désigner celui qui devait le remplacer l'année suivante. Les nominations étaient soumises à la ratification du gouverneur de la province, résidant à Candelaria. Quant au cacique, ses fonctions étaient purement militaires ; il portait aussi le nom de lieutenant royal, car on conserva toujours un certain nombre d'Indiens sous les armes, soit pour la police, soit pour les événements imprévus.

Indépendamment de ces fonctionnaires indigènes et des deux prêtres, il y avait un administrateur espagnol, un maître d'école et quelquefois un médecin. L'administrateur était chargé de diriger les travaux, d'en emmagasiner les produits et de s'entendre directement avec l'intendant général des Missions, qui résidait à Buenos-Ayres. Cette charge avait été créée après le départ des Jésuites, pour centraliser l'encaissement des immenses bénéfices que ces établissements devaient, disait-on, donner. Cet intendant recevait les produits que lui envoyaient les administrateurs particuliers par des barques appartenant aux Réductions. C'était, comme toujours, de l'herbe-maté, du tabac, du coton en rame, de la mélasse, des cuirs et des crins, de la graisse, etc., etc. Il devait les négocier, et, sur le produit de ces ventes, déduire la capitation, les dîmes, les appointements des curés, administrateurs, etc., etc., qui étaient de 600 à 800 piastres annuelles, acheter certains objets d'importation indispensables, et mettre le reste au trésor. — On comprend que de tels emplois, qui permettaient si facilement la concussion, devaient être fort recherchés. Le trésor recevait peu de chose, malgré les vives réclamations et les ordres réitérés du cabinet de Madrid pour une administration meilleure. Quant aux administrateurs particuliers, ils faisaient comme l'intendant général.

Cependant on n'épargnait pas les Indiens. Si l'on avait conservé les anciennes institutions des Jésuites qui leur plaisaient, telles que : le réveil au tambour, la messe du matin avec musique, la conduite au travail au son des instruments, on n'avait plus pour eux les soins paternels des Pères de la Compagnie. Menés durement, condamnés quelquefois à une sorte de travail forcé, antipathique à leur nature, ils se dégoûtèrent vite de ce nouveau régime et abandonnèrent graduellement leurs bourgs et villages. En outre, les administrateurs faisaient plus d'une fois abus des châtiments corporels. Leurs familles prenaient indistinctement les enfants pour en faire des domestiques et les envoyer souvent au loin, à Buenos-Ayres et à Montevideo, par exemple, pour le service particulier de parents ou d'amis. Les rations de vivres que l'on distribuait étaient de mauvaise qualité, insuffisantes quelquefois; les églises, si magnifiques autrefois, les colléges, les maisons des Indiens, commençaient à tomber en ruines, et on ne les réparait point. Nous savons déjà en quel état Azara trouva les Missions, vingt-cinq ans après l'expulsion des Jésuites.

VII.

Conquête des Missions orientales par les Portugais, en 1801.

La décadence des Missions marchait à grands pas; les événements politiques qui suivirent la Révolution française en Europe eurent leur contre-coup jusque sur ces plages éloignées. Les Portugais, toujours alertes et ne perdant jamais de vue leur but séculaire, cherchaient l'occasion de prendre leur revanche de la guerre de 1751. Le mécontentement des Indiens des Missions orientales leur était connu; il n'y avait plus à craindre de leur part cette résistance obstinée qu'ils avaient offerte un demi-siècle auparavant. Une occasion se présenta de mettre la main sur ce vaste territoire; ils ne la laissèrent point échapper.

Après avoir lutté dans le principe contre la République française, l'Espagne avait fait d'abord la paix, puis bientôt alliance avec la France. Le Portugal, d'après les traités, avait aidé l'Espagne dans sa lutte; mais, à la paix, la maison de Bragance, dominée par l'influence anglaise, ne voulut plus suivre la politique espagnole. La guerre s'ensuivit entre les deux couronnes, et l'Espagne commença les hostilités en envahissant la province d'Alemtejo. En Amérique, il en fut de même naturellement; on n'y demandait d'ailleurs qu'un prétexte aux hostilités.

Les Missions orientales commencèrent alors à être ravagées par des aventuriers de Rio-Grande qui venaient y voler du bétail. Les Indiens, mal défendus par les Espagnols, qui s'occupaient plutôt à les exploiter, s'effrayèrent. Ceux de San-Lorenzo, les plus exposés à ces incursions, sollicitèrent alors le vasselage du Portugal. Le capitaine de dragons, Pereira Pinto, commandant de la frontière, se hâta d'accepter cette offre. En même temps, un certain José Borges Canto, déserteur du régiment que commandait Pinto, homme résolu et entreprenant, réunit quinze aventuriers, va trouver son commandant qui lui pardonne, et s'offre d'aller soutenir les habitants de San-Lorenzo. Libre alors de ses actes, Canto pratique des intelligences parmi les Indiens, et avec quelques hommes déterminés vient assiéger San-Miguel, capitale des Missions orientales. Le peu d'Espagnols qui résidaient dans le bourg se fortifièrent dans l'église et le collége et essayèrent de résister. Mais les Indiens désertaient en masse, l'eau manquait aux assiégés, il fallut capituler. La chute de San-Miguel, où les Portugais trouvèrent d'abondantes munitions de guerre, fut suivie de celle de San-Juan et de San-Angel qui ne firent point de résistance. San-Luis et San-Borja suivirent leur exemple; San-Nicolas seul tint quelque temps, grâce à l'activité et à l'énergie d'un officier espagnol surnommé Rubio-Dulce. Mais ce brave officier était presque seul, les Portugais recevaient tous les jours des renforts, les Indiens étaient indifférents. Rubio échoua dans une tentative pour défendre San-Borja, et la conquête de ce vaste territoire fut consommée. Il fut annexé aux possessions brésiliennes, dont il fait encore partie aujourd'hui.

L'Espagne fit des réclamations; mais elle était alors mêlée aux grandes luttes européennes, le Portugal opposa des délais, et bientôt les événements de 1810 vinrent imprimer une tout autre face aux affaires de la vice-royauté de la Plata.

La conquête des Missions orientales, en 1801, avait coûté peu de sang, mais elle ne fit qu'accélérer la chute de ces établissements dont la ruine totale ne fut pourtant consommée qu'en 1828, lors de l'incursion de Rivera. — Les Indiens furent dépossédés de leurs bestiaux, volés en partie par les vainqueurs; les églises virent disparaître leurs joyaux les plus précieux, et tous les désordres, fruits de la conquête, se firent jour au milieu d'une population jusqu'alors si paisible. Suivant le recensement qui se fit alors, le chiffre des Indiens montait encore à 14,000, mais en 1814 il n'était plus que de 8,000, parmi lesquels 824 blancs.

Les Portugais, cédant à une nécessité universellement reconnue pour le gouvernement des Indiens des Missions, continuèrent le régime espagnol, c'est-à-dire la communauté modifiée. Chaque homme dut travailler la moitié de la semaine au profit du bourg, et le reste pour lui. On suivit le système des rations; la seule modification importante fut l'abolition de la capitation. Mais rien ne put arrêter la décadence de ces établissements. Les administrateurs portugais étaient aussi avides et plus durs que les Espagnols; les sept réductions devenues portugaises se dépeuplèrent chaque jour. La guerre des Missions occidentales, en 1817 et 1818, vint aider encore à leur dépopulation; les églises, n'étant pas réparées, tombèrent en ruines comme les maisons; le bétail des estancias disparut; les bois envahirent les cultures qui devinrent des solitudes. En vain, en 1824, l'empereur D. Pedro créa-t-il à San-Borja un bureau de comptabilité des Indiens et essaya-t-il de faire administrer ce pays comme une vaste ferme. Rien ne put arrêter cette décadence de plus en plus accélérée. En même temps des blancs venaient former des établissements sur les terres indiennes dont les habitants disparaissaient; une colonie temporaire d'Allemands s'installait à San-Juan; enfin, il restait peu de l'ancienne population, lorsque, en 1828, Rivera vint faire sa razzia sur ce territoire.

Nous raconterons cette expédition avec les événements qui en furent la suite, en son lieu, en suivant l'ordre chronologique de notre histoire.

En 1803, D. Bernardo Velasco fut envoyé d'Europe en qualité de gouverneur des Missions. Il crut devoir tenter l'abolition complète du régime de la communauté. Mais le mécontentement des Indiens et les inconvénients que le nouveau régime allait amener lui firent promptement modifier ces mesures. En 1806, Velasco fut nommé gouverneur du Paraguay, mais tout en conservant le gouvernement des Missions. Étrangers aux graves événements de l'Europe, les habitants de ces contrées lointaines, en dehors des Missions abandonnées aux Portugais depuis 1801, continuèrent à vivre en paix jusqu'à ce que la conquête de l'Espagne par les Français, le couronnement du roi Joseph, eussent produit une secousse profonde qui amena la manifestation du 25 mai 1810, et, par suite, la séparation des colonies de la Plata de leur métropole.

VIII.

Destruction des Missions occidentales par les Portugais en 1817. — Guerre d'Artigas.

Avec la révolution qui amène l'émancipation des provinces de la Plata et leur séparation de la métropole, commence une troisième phase dans l'histoire des Missions, phase la plus déplorable de toutes. — Pendant les cinquante années qui se sont écoulées depuis 1810 jusqu'à l'époque actuelle, les malheureux Indiens de l'Uruguay et du Parana ont été mêlés à toutes les guerres étrangères et civiles qui ont désolé ces régions, et leur nombre a d'autant plus diminué que, pendant longtemps, ils ont formé la force principale des armées. Les différents chefs (*caudillos*), qui se disputaient le pouvoir, se disputaient aussi ces groupes de population qui pouvaient leur fournir des soldats. Du calme le plus profond les Guaranis des Missions passèrent brusquement à la vie agitée des camps et des combats; leur douceur native se changea en férocité, suivant les ordres du chef qui les commandait, et dont ils suivaient aveuglément les ordres.

Examinons donc maintenant la série des événements qui amenèrent la ruine entière et absolue des Missions.

Aussitôt après la déposition du vice-roi Cisneros, qui avait succédé au Français Liniers, le défenseur de Buenos-Ayres contre les Anglais, en 1807, le pouvoir exécutif était tombé exclusivement entre les mains des Sud-Américains. — Ceux-ci s'empressèrent de faire de la propagande et d'exciter le reste du pays à faire cause commune avec Buenos-Ayres, qui avait commencé le mouvement d'émancipation. Dans ce but, une petite armée fut envoyée au Paraguay, sous les ordres du général Belgrano. On craignait l'influence de Velasco et on voulait amener les Paraguayens à le déposer et à s'unir à Buenos-Ayres. Belgrano partit de la ville de Parana, et, dans une longue route de 150 lieues, ne rencontra que deux points seulement qui fussent habités, Curuzu-Cuatia et Yaguareté-Cora dans la province de Corrientes. Il passa sur cette sorte de chaussée naturelle coupée de nombreux marais qui sépare la lagune Ibera des autres lagunes qui forment les sources des rivières Bateles, Santa Lucia, San Ambrosio, etc., et arriva enfin, après d'incroyables fatigues, à Candelaria, où il comptait passer le Rio-Parana, lequel dans cet endroit n'a que 800 mètres de large. Cette capitale des Missions était dans un état qui peut faire juger de celui des autres à cette époque, par suite de l'incurie des administrateurs. En effet, dans un mémoire publié quatre années après à

Buenos-Ayres, Belgrano dit que le collége était presque inhabitable, que les bâtiments de la place tombaient en ruine et que l'église était peu solide. — Là il reçut un renfort de deux cents cavaliers que lui envoya le colonel Rocamora, sous-gouverneur des Missions, qui avait choisi la résidence de Yapeyu; les deux cents cavaliers étaient Guaranis.

L'expédition de Belgrano fut infructueuse; il fut battu au Tacuary, capitula honorablement et repassa dans les Missions occidentales. Mais les Paraguayens n'en gardèrent pas plus pour cela le gouverneur Velasco, avec lequel ils avaient combattu contre les Buenos-Ayriens; celui-ci fut déposé et les principaux chefs du pays déclarèrent leur indépendance de l'Espagne. De plus, ils refusèrent obstinément de se mêler désormais aux événements du reste des provinces de la Plata.

Dans la capitulation qui fut ratifiée par le gouvernement de Buenos-Ayres, la possession des cinq bourgs paraniens et de leur territoire, Candelaria, Santa-Ana, Loreto, San Ignacio-Mini et Corpus, fut confirmée au Paraguay qui y envoya pour gouverner un certain Martiaura que nous verrons figurer tout à l'heure.

Pendant quatre ans encore les Missions furent assez tranquilles, mais avec les troubles que les tendances séparatistes d'Artigas firent naître dans la Bande-Orientale, et sa lutte contre le gouvernement de Buenos-Ayres qui prétendait de son côté recueillir l'héritage entier de la vice-royauté espagnole, commencèrent également leurs agitations.

Dès 1811, les habitants de la Bande-Orientale s'étaient soulevés contre les Espagnols. Ceux-ci, maîtres de Montevideo, avaient naturellement conservé cette place, mais toute la campagne était au pouvoir des insurgés, au nombre et à la tête desquels on voyait Artigas. Celui-ci revenait du Paraguay où il avait suivi Belgrano qui s'était extrêmement loué de sa valeur. Cette qualité d'ailleurs était incontestable chez cet homme violent, énergique et sans instruction, quoiqu'il fût d'une des meilleures familles de Montevideo. Ses débuts de jeunesse avaient été la contrebande; ses instincts guerriers le précipitèrent dans la guerre de l'Indépendance, où sa bravoure et son patriotisme local le rendirent vite l'idole des Orientaux. Les Espagnols tenant toujours dans Montevideo, ville alors très-bien fortifiée, Buenos-Ayres crut devoir prêter secours aux patriotes de la Bande-Orientale. Le général Alvear vint assiéger la place à l'automne de 1813; elle capitula après un siége de quatorze mois, où la plupart des Espagnols réfugiés de la campagne avaient péri du scorbut.

Mais après la victoire commencèrent les querelles entre les vainqueurs; Artigas ne voulut point se soumettre au gouverneur de Buenos-Ayres, proclama l'autonomie de la Bande-Orientale, et s'en fit nommer gouverneur. Gervasio Posadas, directeur suprême des États de la Plata, crut devoir le déclarer hors la loi. Artigas répondit par des hostilités directes contre Buenos-Ayres, et la guerre civile s'alluma.

Les Portugais, fidèles à leur politique immuable, au plan qu'ils suivaient depuis un siècle et demi avec une activité si habile et si tenace, ne pouvaient négliger des circonstances aussi favorables pour s'immiscer dans les affaires de la Bande-Orientale. — Déjà, dès 1811, ils s'étaient présentés sous prétexte de porter secours aux Espagnols attaqués par les créoles orientaux; mais un armistice conclu entre les belligérants les avait, au bout de quatre mois, obligés à rentrer dans leur territoire. La querelle d'Artigas avec Buenos-Ayres fut une nouvelle occasion qu'ils ne laissèrent point échapper. Au moment où la lutte était le plus acharnée avec cette ville, alors que les deux partis, le centralisme et le provincialisme, se prodiguaient tour à tour l'outrage ou la louange, les Portugais entrèrent dans la Bande-Orientale et s'emparèrent de Montevideo où la population, lasse de toutes ces secousses, les accueillit presque avec reconnaissance. Artigas, obligé de faire la guerre de partisan, celle qui lui convenait, qu'il comprenait le mieux, songea à recruter d'autres soldats, car les Gauchos orientaux, les Indiens Charruas et Minuanes qu'il avait réunis commençaient singulièrement à diminuer de nombre.

Il avait porté son quartier-général entre le Queguay et le Dayman, aux bords de l'Uruguay, sur un plateau découvert qui a conservé depuis le nom de *Mesa de Artigas* (Table d'Artigas). A côté était une sorte de village temporaire, sous le nom de Purificacion, dans lequel étaient les familles de ses soldats et quelques Orientaux, ses plus chauds partisans. Ce campement avait une réputation sinistre, car des cruautés nombreuses sur les Espagnols et les Portugais, sur tous ses adversaires enfin, sans distinction de race ni d'origine, étaient commises par ce chef que ses revers avaient aigri. Cette position était forte et bien choisie; elle lui permettait l'accès des Missions, celle de l'Entre-Rios où il avait des intelligences, dans le cas où il serait trop pressé par l'armée nombreuse et bien disciplinée des Portugais, tandis que lui n'avait que des bandes, braves sans doute, précieuses pour la guerre des bois et des marais, enfin la guerre dite de *montonera*, mais incapables de tenir devant une armée réglée, en rase campagne.

Lors du retour de Belgrano de sa malheureuse expédition du Paraguay, le colonel Rocamora, gouverneur des Missions, avait désiré résigner son commandement et avait été remplacé par Bernardo Perez Planes, bon officier, que Belgrano avait cru devoir récompenser par cette charge toute de confiance. Après sa rupture avec Buenos-Ayres, Artigas songea à s'assurer un appui dans les Missions et envoya le colonel Blas Basualdo pour les occuper. Planes, qui tenait pour Buenos-Ayres, s'y opposa naturellement; mais Martiaura, récemment nommé gouverneur des cinq bourgs paraniens, par les consuls Yegros et Francia, et secrètement dévoué à Artigas, prit fait et cause pour Basualdo. Il lui envoya quelques renforts. On entra de vive force à la Cruz et à Yapeyu, et Planes céda. Bientôt fait prisonnier par Martiaura, son ennemi personnel, il fut envoyé au quartier général d'Artigas, où il périt assassiné un mois après.

Restés maîtres du terrain, Basualdo et Martiaura se prirent de querelle au sujet des articles de guerre que chacun voulait s'approprier; mais Basualdo avait pour lui les Indiens; Martiaura s'enfuit dans les estancias des bords de la Ibera, pour y recruter du monde. Se voyant abandonné de tous, il prit le parti de rentrer au Paraguay. Francia, alors tout-puissant, quoiqu'il ne fût pas encore nommé dictateur, le fit jeter en prison où il languit vingt années, et ne fut relâché que peu de temps avant sa mort. Basualdo, devenu libre de ses démarches, s'empressa d'envoyer à Artigas tous les effets de guerre dont il put disposer et donna pour gouverneur aux bourgs paraniens un Paraguayen nommé Rodriguez. Vers la fin de 1815, Francia, voulant rendre au Paraguay ce territoire qui lui revenait en conséquence du traité avec Belgrano, envoya le major Gonzalez pour exiger la restitution de ces villages. Rodriguez voulut résister, mais il fut pris, abreuvé d'outrages comme traître à son pays, et conduit, lié en criminel, jusqu'à l'Assomption où Francia, sans vouloir même le voir, le fit jeter dans un cachot dans lequel il mourut.

C'est alors que, pressé par les Portugais, renié des Buenos-Ayriens, Artigas se résolut à frapper un grand coup et à mettre en œuvre pour cela les Indiens des Missions, dont il avait fait travailler les esprits depuis longtemps. Il avait du reste, en main, un instrument admirablement propre à ce rôle ; c'était l'Indien Andres Tacuary, dit Andrecito Artigas, né à Santo Tomé, et son fils adoptif. En effet, Andrecito, car il est plus connu sous ce nom, fut accueilli d'enthousiasme par ses compatriotes. Il leva du monde sans difficulté, occupa les cinq bourgs du Parana, malgré la résistance de Gonzalez, et y trouva également des soldats. Enfin, toute la première moitié de l'année 1816 fut employée par lui à se former une armée. Lorsqu'il se crut assez fort, il conçut le projet de reconquérir les Missions orientales et de faire en même temps une diversion utile à son père adoptif. Dans ce but, au commencement du printemps, dans les derniers jours de septembre, il fut brusquement assiéger San Borja, quartier général des Missions brésiliennes. Andrecito avait avec lui deux mille Indiens plus ou moins bien armés, et deux pièces de canon. Ses hommes, animés d'une haine ancienne contre les Portugais, étaient encore exaltés par l'éloquence fougueuse d'un moine qui l'accompagnait et qui promettait que tous ceux qui mourraient dans ce siège ressusciteraient de l'autre côté de l'Uruguay, au sein de leurs familles.

La frontière des Missions du Brésil était alors commandée par le brigadier général D. Francisco das Chagas. Il avait pris San Borja pour son quartier général, quoique ce bourg fût alors exclusivement peuplé d'Indiens. Chagas ne s'attendait point à cette attaque, aussi se hâta-t-il de demander des secours à l'armée portugaise.

Le siège continuait avec vigueur : les Guaranis d'Andrecito avaient chargé la cavalerie portugaise avec tant d'énergie qu'ils l'avaient mise dans une déroute complète, lorsqu'un coup de canon de la place démonta une de leurs deux pièces ; cet accident commença à les décourager. Le 5 octobre, le lieutenant-colonel Abreu accourt au secours de Chagas avec huit cents hommes de vieilles troupes. Andrecito est battu et repasse l'Uruguay en désordre avec le reste de son monde.

Pendant ce temps, José Artigas continuait sa lutte contre les Portugais et déployait une activité et une valeur qui suppléaient au nombre et à l'instruction militaire. Cependant, le 4 janvier 1817, il fut mis dans une déroute complète au gué du Catalan, sur le Cuareim, par le marquis d'Alegreté, et, vivement poursuivi par les Portugais, il se jeta brusquement de l'autre côté de l'Uruguay avec ce qu'il put sauver de troupes. Son intention était de se refaire dans l'Entre-Rios et les Missions, où il avait des partisans nombreux, et où son fils adoptif lui avait préparé, depuis sa défaite à San Borja, d'assez importants renforts.

Le marquis d'Alegreté, soupçonnant ses intentions, prit alors un parti extrême. Il était gouverneur et capitaine général de la province de Rio-Grande ; le général Chagas était par conséquent sous ses ordres. Il lui ordonna de passer immédiatement l'Uruguay, de détruire complètement tous les bourgs des Missions occidentales et d'en enlever la population pour la répartir dans les Missions brésiliennes. Rien ne devait rester sur pied, ni églises, ni habitations, ni chapelles, ni estancias, rien enfin de ce qui pouvait servir un jour à grouper de nouveau cette population que l'on allait livrer ainsi à toutes les horreurs d'une extermination calculée.

« Il faut, » dit un écrivain brésilien, auteur d'une chronique du régiment de Sainte Catherine, qui fit toutes les guerres de cette époque, « reculer bien avant
« dans l'histoire pour trouver des exemples d'ordres semblables. Les résultats de
« l'exécution ne pouvaient manquer d'être, comme ils le furent en effet, barbares,

« inhumains, impolitiques et anti-chrétiens. La guerre, affreuse par elle-même,
« est un des plus grands fléaux de l'humanité, alors même qu'elle est quelquefois
« nécessaire ; mais envahir un territoire étranger, dévaster, saccager des villages
« sans armes, réduire en cendres les temples et les maisons, forcer les habitants à
« assister à ces actes d'horreur et les transporter violemment après dans un autre
« pays, c'est le propre des nations barbares. C'est ce qui arriva dans les Missions
« occidentales par suite des ordres du marquis d'Alegreté, gouverneur et capitaine
« général de la capitainerie de Rio-Grande do Sul. »

En effet, le général Chagas se montra l'exécuteur fidèle et consciencieux de ces féroces mesures. Le 17 janvier 1817, il passe l'Uruguay, au *paso* d'Itaquy, à la tête de deux mille hommes de bonnes troupes. Il prend la Cruz qui ne fait pas de résistance, puisque tous les Indiens valides s'étaient enfuis, et en fait son quartier général. De là il envoie le major Gama avec trois cents hommes de cavalerie pour détruire Yapeyu que sa population avait abandonné. Gama fit cette opération tout à son aise et ne laissa rien debout de cette ancienne capitale des Missions. A son retour, il eut quelques engagements avec Andrecito, mais fut secouru à temps par Chagas. D. Luis Carvalho fut chargé de détruire Santo-Tomé, San-José, Apostoles, Martires et San-Carlos, et s'en acquitta aussi bien que Gama. Il paraît cependant qu'Andrecito le prévint à San-José et put en sauver la population, quoiqu'il n'eût cependant que fort peu de monde, puisque le reste de ses troupes était dans l'Entre-Rios avec José Artigas, qui, non découragé par sa défaite du Catalan, voulait, comme il le fit en effet, recommencer la guerre contre les Portugais. — Un autre lieutenant de Chagas, Cardoso, détruisit Concepcion, Santa-Maria la Mayor et San-Xavier.

Enfin, pour s'assurer que cette besogne avait été bien faite, Chagas lui-même remonta le long de l'Uruguay jusqu'aux bourgs du Parana, achevant de ruiner tout ce qui avait échappé à ses lieutenants. Sa cavalerie, lancée dans tous les sens, ne laissa rien debout. « Naturellement des atrocités furent commises; le meurtre
« et le viol étaient à l'ordre du jour, aussi bien que l'immoralité et le sacrilège.
« On vit un lieutenant de cavalerie, un certain Louis Maira, Indien du Brésil,
« étrangler des enfants et s'en vanter. La religion catholique était profanée et
« foulée aux pieds par des hommes qui se disaient catholiques. »

Pour que l'on puisse mieux juger de la conduite de Chagas, voici ce qu'il écrivait lui-même de Santo-Tomé, en date du 13 février, au marquis d'Alegreté :
« Nous avons détruit et saccagé les sept bourgs de la rive occidentale de l'Uru-
« guay ; saccagé seulement ceux d'Apostoles, San-José et San-Carlos. Nous avons
« parcouru et dévasté toute la campagne adjacente à ces bourgs, dans un rayon
« de 50 lieues, sans compter que notre corps de cavalerie, aux ordres de Carvalho,
« en a fait 80 à la poursuite des insurgés. On a pillé et apporté de cet autre côté
« du fleuve, 50 arrobes d'argent, de beaux et bons ornements d'église, recueilli
« d'excellentes cloches, 3,000 chevaux, autant de juments, 1,130,000 reis d'ar-
« gent monnayé (9,620 fr.). » — Dans un autre rapport, il évaluait le nombre des morts à 3,190, celui des prisonniers à 360. On voit que la guerre que l'on faisait à ces pauvres Indiens, tout aussi bons, si ce n'est meilleurs chrétiens que les Portugais, était d'extermination. — Il disait, encore plus loin, leur avoir pris 5 canons, 1,600 fusils, 15,000 chevaux, etc., etc. (1).

(1) *Memoria da Campanha de 1816, por Diego Arouche de Moraës Lava.* — Repro-

Francia, dictateur du Paraguay, ne voulant aucun sujet de querelle avec les Portugais, qui menaçaient les bourgs du Parana, les fit évacuer et brûler ; la population, les objets précieux, le bétail, furent transportés de l'autre côté du Parana et répartis dans les Missions voisines. Quelques Indiens préférèrent plutôt s'enfuir dans les bois, que de se soumettre à cette transportation ; nous verrons tout à l'heure ce qu'ils sont devenus.

La destruction des quinze Missions occidentales consommée, Chagas donna ordre que tout ce qui restait de cette population fût transporté sur le territoire portugais, et y repassa lui-même avec ses soldats. Ils emmenèrent d'immenses troupes de bétail et plusieurs chariots chargés des dépouilles des églises. Soixante-cinq arrobes portugaises (1,040 kilogrammes) de vases sacrés, chandeliers, lustres, couronnes, etc., etc., en argent, furent les trophées de cette mémorable expédition. Ces objets précieux, restes de l'ancienne richesse des Missions, furent envoyés à Porto Alegre, et de là à Rio-de-Janeiro où l'on peut encore en voir une partie à la chapelle impériale. Quant aux cloches, aux tableaux, aux statues des saints, tout cela fut porté à San-Borja.

Toutes ces horreurs indignèrent jusqu'aux Portugais eux-mêmes. Le père Martinho Cespedes, vieillard de soixante-dix ans, et curé de San-Borja, ne voulut jamais consentir depuis à confesser aucun soldat ni personne qui eût pris part à la destruction des Missions. Lorsqu'on lui objectait que les inférieurs n'étaient point responsables des ordres de leurs supérieurs, lorsqu'ils les avaient exécutés : « Non, « non, mon ami, répondait-il, le vrai chrétien préfère plutôt la mort que de pro- « faner les reliques sacrées de notre Rédempteur. »

On raconte que, lors de l'enlèvement de la population de la Cruz, car Chagas, en l'évacuant, eut bien soin de lui faire subir le sort commun, le vieux père franciscain Pedro, curé de cette mission, âgé de plus de cent ans, homme universellement respecté par son âge et pour ses vertus, fut transporté avec ses ouailles, de l'autre côté de l'Uruguay. Assis sur la rive du grand fleuve, il vit les flammes, s'élevant du lieu où il avait vécu tant d'années, dévorer lentement l'église et les maisons. Alors, entouré des pauvres Indiennes en pleurs, des vieillards et des enfants qui avaient survécu, le vieux prêtre se leva, et, les mains étendues vers le ciel, le visage baigné de larmes : « O mon Dieu, s'écria-t-il, jusqu'où donc a « monté la malice humaine, que je voie aujourd'hui votre temple auguste brûlé, « les reliques de vos saints profanées, les champs de vos serviteurs dévastés, leurs « asiles en flammes, eux-mêmes tombés sous le glaive assassin ! O mon Dieu, « pardonnez à ces hommes, pardonnez-leur, Seigneur, car ils ne savent ce qu'ils « font. » Un prêtre brésilien, D. José Coelho, recueillit ce vénérable vieillard dans sa maison où il vécut encore quelque temps, sans pouvoir se consoler du désastre des Missions.

Tels furent les événements qui signalèrent les premiers mois de l'année 1817. L'expédition de Chagas fut un acte de férocité pur et simple, puisqu'il n'y eut pas de résistance et qu'elle se réduisit, en somme, à voler des bestiaux, à piller des églises, à arracher de force à ses foyers, une population de femmes, d'enfants

duit dans le journal de l'*Institut historique et géographique brésilien*. — Juillet et octobre 1845, numéros 26 et 27. — *Memoria historica do extincto regimento de infanteria de linha da provincia de Santa-Catarina*, por Manuel Joaquim de Almeida-Coelho. Tipografia catarinense. 1853. — Brochure in-8°.

et de vieillards, puisque tous les hommes susceptibles de porter les armes étaient avec Artigas ou s'étaient s'enfuis.

Les Portugais retirés, les Indiens revinrent visiter les ruines de leur patrie, et jurèrent de la venger. Andrecito profita de cette exaspération pour les animer davantage; après avoir essayé d'abord, mais infructueusement, avec le peu de monde qu'il avait, de résister à Chagas, il avait couru de l'autre côté des lagunes, chercher des renforts, avec lesquels il revint occuper les Missions, et fixer son quartier général dans les ruines d'Apostoles. Dès que Chagas en eut des nouvelles, il se hâta de repasser l'Uruguay au *paso* de San Lucas à la tête de sept cents hommes, et vint l'y attaquer. Mais Andrecito s'était bien retranché dans les ruines; Chagas fut repoussé avec perte (juillet 1817), et rentra au Brésil.

Resté maître du territoire des Missions, Andrecito y rappela un bon nombre d'Indiens, et, l'année suivante, il redevint si menaçant que Chagas crut devoir entrer une troisième fois dans le pays. Fier de son succès d'Apostoles, Andrecito s'était cantonné dans San-Carlos, qui offrait encore quelque abri. Chagas occupa facilement la place et les maisons, mais le général indien s'était surtout fortifié dans l'église et le collége; il y avait tous ses soldats et leurs familles, très-décidés à vendre chèrement leur vie. Le mur avait été percé de meurtrières pour le feu de la mousqueterie; les hommes étaient hardis et exercés. Aussi les Portugais perdirent-ils beaucoup de monde dans une première attaque; mais à la faveur d'un ouragan du sud, ils trouvèrent moyen de mettre le feu à ce qui restait du toit de l'église et du collége, en même temps qu'ils enfonçaient les portes à coups de canon. Les Indiens firent alors une sortie désespérée et réussirent à percer la ligne portugaise, mais beaucoup restèrent sur la place; pressé par l'incendie, le reste capitula. Trois cents personnes de tout âge et de tout sexe moururent dans cette attaque, soit brûlées, soit massacrées. Les Portugais firent prisonniers trois cent vingt-trois hommes, et deux cent quatre-vingt-dix femmes et enfants. Dans tout ce combat, les Indiens avaient montré un acharnement et une ténacité incroyables; deux fois ils étaient parvenus à éteindre l'incendie que rallumait sans cesse la tempête, et, sans les éléments conjurés contre eux, ils eussent certainement repoussé Chagas. Les prisonniers furent acheminés sur San-Borja, et l'on détruisit ce qui restait de San-Carlos (29 mars 1818). Le 7 avril, la colonne de Chagas fut faire la même opération à Apostoles, où quelques familles s'étaient rétablies. On n'y laissa pas pierre sur pierre. De là, Chagas, son œuvre accomplie, repassa une dernière fois au Brésil.

Malgré ce revers, Andrecito, qui s'était échappé de San-Carlos avec ses meilleurs soldats, ne perdit pas courage. Les Guaranis, plus furieux que jamais contre les Portugais, lui étaient entièrement dévoués; de son côté José Artigas, secondé par l'Entreriano Ramirez, avait réuni un bon nombre de troupes dans l'Entre-Rios et Corrientes. L'occasion était donc favorable pour tenter un grand coup. Pendant qu'Artigas rentrerait dans la Bande-Orientale, Andrecito devait pénétrer dans les Missions du Brésil, et, forcée de se diviser, l'armée portugaise avait des chances d'être battue.

A l'automne de 1819, un an après le désastre de San-Carlos, Andrecito passe brusquement l'Uruguay aux gués (rapides) du Piratini et occupe la Mission brésilienne de San-Nicolas, où il trouve d'abondantes munitions de guerre et quelque artillerie. Chagas accourt immédiatement pour l'y attaquer. Les Indiens s'étaient barricadés sur la place et enfermés dans les maisons; ils ne donnaient pas signe de vie. Les Portugais soupçonnant un piége attendirent, mais, lassés de ce repos forcé, ils essayèrent enfin de pénétrer dans le bourg; au moment où ils franchissaient les barricades, ils furent accueillis par un feu si nourri qu'ils se virent obligés de se retirer en toute hâte, laissant beaucoup de morts et poursuivis le sabre aux reins par les Indiens, qui ne les laissèrent que lorsque la cavalerie fut venue les dégager. Affaibli par cet échec, Chagas se retira à l'estancia de la Palmera et demanda des renforts au colonel Abreu et au comte de Figueira qui avait remplacé le marquis d'Alegreté dans le gouvernement de Rio-Grande.

Fier de son triomphe, Andrecito laissa six cents hommes résolus à San-Nicolas, et, avec le reste de son monde, tenta d'aller se joindre à Artigas, lequel, aux aguets dans l'Entre-Rios, attendait l'occasion favorable pour faire une pointe subite sur les villes importantes de Cachoeira, Rio-Pardo et Porto-Alegré, attaquant ainsi les Portugais au centre même de leurs possessions. Malheureusement, les communications étaient difficiles, et Artigas, mal instruit de ce que faisait Andrecito, ne put faire sa pointe à temps. Celui-ci cherchait à traverser l'Icabacua, au *paso* d'Itacoruby, lorsqu'il fut brusquement attaqué par Chagas et le comte de Figueira, suivis de plusieurs bataillons, et par le colonel Abreu, qui arrivait à marches forcées d'Alegreté avec d'excellentes troupes. Son monde était dispersé en partie et occupé aux opérations du passage : il fut battu complètement et fait prisonnier. La garnison de San-Nicolas, instruite par les fugitifs d'Itacoruby, se hâta de repasser dans les Missions détruites, où les Portugais ne jugèrent pas à propos de les poursuivre : la capture d'Andrecito leur suffisait.

Celui-ci avait été reconnu au moment où, échappé du désastre, il cherchait à traverser l'Uruguay. On l'envoya à Rio de Janeiro, où il fut mis en prison. Il y mourut au bout de quelques mois, par suite d'excès de boisson, selon les Portugais; mais, selon les Espagnols, empoisonné, parce que l'on craignait son influence sur les Indiens. Cette influence était réelle : Andres Tacuari disparu de la scène politique, les Indiens ne remuèrent plus.

Tout était donc consommé dans les Missions de la rive droite; la ruine était entière et absolue. Les familles qui restaient se dispersèrent et furent grossir la population de Corrientes, de l'Entre-Rios et du Brésil. Quelques Indiens demeurèrent pourtant dans le pays; mais, las d'être les instruments des chefs de parti, ils se déclarèrent indépendants et formèrent trois bandes.

L'une, sous les ordres de Carahypi, de Santo Tomé, occupa la Sierra, au-dessus de San-Xavier; Cabañas, Indien sambo de Corpus, plaça la seconde bande près de la chapelle de Caacarahy (montagne bénie), dans le voisinage des bourgs ruinés du Parana; enfin, l'Indien Ramoncito s'établit sur les bords de la lagune Ibera. Ces trois bandes, retombées dans la vie sauvage, vécurent de chasse et du bétail qu'elles pouvaient voler, soit aux Brésiliens, soit aux Correntinos.

Le bruit courut que d'autres Guaranis s'étaient réfugiés dans les bois et qu'ils y avaient formé au loin des sortes de colonies; mais on n'en entendit plus parler, et ce fait était resté complétement oublié pendant trente-cinq années, lorsqu'en 1851 des Paraguayens, remontant le Parana pour aller aux Yerbales de Tacurupucu, furent fort étonnés d'apercevoir des créatures humaines sur les bords du Pyra-Puytain, petite rivière dans laquelle le gros temps les avait forcés de relâcher. Comme le peuple paraguayen ne parle guère que le guarani, il ne fut pas difficile de s'entendre. Les Indiens de Pira-Puytain étaient des Guaranis réfugiés des cinq bourgs paraniens qui n'avaient pas voulu suivre Andrecito, ni se soumettre à la tansportation ordonnée par Francia en 1817.

Ils avaient remonté cinquante lieues du Rio-Parana en canots, n'emportant que quelques vivres, des semences et quelques ustensiles de fer. Ils étaient débarqués au milieu des épaisses forêts qui bordent le Pira-Puytain, rivière qui vient de la Cordillère du Paraguay et se jette dans le Parana, à dix lieues au-dessous de l'embouchure de l'Y-Guazu. Une tribu de Guayanas sauvages vivait près de ces bois. Après quelques difficultés premières, ceux-ci firent alliance avec les nouveaux venus, qui leur apportaient une civilisation relative; cela fut d'autant moins difficile qu'ils étaient d'origine guaranie. Sans aucun animal domestique, réduits absolument à l'agriculture la plus primitive, ces réfugiés se mirent à vivre paisiblement, continuant avec beaucoup d'exactitude les pratiques religieuses qu'ils avaient apprises dans les Missions, telles que le baptême, le mariage, les prières du matin et du soir, la célébration du dimanche. Un vieil Indien qui savait lire, ancien secrétaire du Cabildo de Corpus, fut le directeur de cette société au milieu des bois, tandis qu'un cacique était investi des fonctions militaires. Sans se mêler entièrement aux réfugiés, et sans cesser de faire une tribu distincte, les Guayanas adoptèrent une partie de leurs pratiques religieuses.

Depuis 1851, quelques relations se sont ouvertes entre la colonie indienne de Pira-Puytain et le reste du Paraguay. Ces Indiens apportent de la yerba au port de Jesus, et l'échangent contre de la quincaillerie et des étoffes. Le gouvernement paraguayen fait ouvrir un sentier (*picada*) à travers les épaisses forêts qui garnissent toute cette partie du territoire, de manière à mettre ces Indiens en relation plus directe avec ceux des anciennes missions de Jesus et de Trinidad. Leur cacique actuel, Carlos, est en bons rapports avec les autorités paraguayennes et a été investi du commandement du district. Dans peu de temps, ces Guaranis se seront fondus comme les autres dans la masse de la nation. On estime le total des deux tribus réunies à trois cents familles.

Quant aux trois bandes dont nous avons parlé, elles continuèrent leur même genre de vie jusqu'en 1826, époque de la guerre de la République Argentine et de la Bande-Orientale soulevée contre le Brésil. — Un groupe de familles indiennes réfugiées des Missions avait formé le petit village de San-Roquito dans le département de Payubre et près du Miriñay. Le congrès réuni à Buénos-Ayres en 1825 chercha à reconstituer, avec ces faibles éléments, la province des Misssions, sur laquelle le Paraguay et Corrientes alléguaient à la fois des droits. Il y eut même des députés de nommés; mais, en réalité, il n'y avait personne dans ces villages détruits, et les cabildos, seuls représentants légaux des vrais propriétaires du sol, avaient disparu. Le colonel Aguirre, commandant (*in partibus*) du territoire des Missions, chercha à employer l'influence de ce reste de population pour déterminer les trois chefs à venir se joindre avec leurs hommes à l'armée nationale qui faisait la guerre aux Brésiliens, ces successeurs des Portugais, leurs éternels et implacables ennemis. Carahypi et Ramoncito se rendirent à cette invitation et se joignirent à l'armée argentine. Quant à Cabañas, il refusa, et depuis sa troupe s'est dispersée et s'est fondue avec la population des pays environnants.

Malgré le désastre d'Andrecito et l'absence des secours importants qu'il devait lui amener, José Artigas se crut capable de pouvoir encore lutter avec succès contre les Portugais. Il venait de passer près de deux années dans l'Entre-Rios et Corrientes, et, moitié par persuasion, moitié par terreur, il avait entraîné sur ses pas un bon nombre de soldats, d'autant plus qu'une guerre contre les Portugais était toujours nationale dans ces contrées. A la fin de 1819, il se jeta brusquement dans la Bande-Orientale, occupée tout entière par les forces portugaises depuis sa défaite au Paso del Catalan ; mais le 22 janvier 1820, sa nouvelle armée fut détruite à Tacuarembo, et, suivi du petit nombre de ceux qui étaient restés fidèles à sa fortune, il n'eut d'autre parti à prendre que de se réfugier dans l'Entre-Rios. A cette dernière heure même, un de ses lieutenants, Fructuoso Rivera, venait de le le trahir, et, passant aux Portugais, poursuivait son ancien chef jusqu'aux gués du fleuve Uruguay.

Artigas comptait trouver des secours dans cette province ; une nouvelle déception l'y attendait : Ramirez, cet autre lieutenant qui lui avait été si dévoué jusqu'alors, se leva contre lui. Le pays était démoralisé, ruiné ; les levées d'hommes incessantes avaient effrayé les populations ; on était dégoûté de cette lutte, où, en dernier résultat, Artigas n'avait éprouvé que des revers et amené la ruine des Missions. Ce chef avait encore du monde ; mais Ramirez, avec huit cents soldats dont il était sûr, et qu'il avait bien disciplinés, le battit ; en même temps, sa troupe l'abandonna, et il ne lui resta que ses fidèles Indiens, à l'aide desquels il se réfugia dans les Missions détruites. Ces malheureux, aveuglément dévoués à sa fortune, essayèrent en vain de l'y soutenir. Le pays était désert, sans aucune espèce de ressources ; Artigas résolut d'implorer l'hospitalité du Paraguay. A la tête d'un millier d'hommes qui lui restaient, il se présenta en face d'Itapua, sur la rive droite du Parana, et fit demander au dictateur du Paraguay un refuge pour lui et sa troupe.

Francia était ennemi d'Artigas, car Andrecito, son lieutenant, n'avait pas plus épargné les cinq Missions qui dépendaient alors du Paraguay, que celles soumises au gouvernement de Buénos-Ayres ; comme ailleurs, il y avait, de gré ou de force, recruté des soldats. — Ce fut alors que, comme nous l'avons déjà dit, Francia donna l'ordre à leur population de les évacuer et de les brûler, tout en protestant des droits du Paraguay, non-seulement à ces cinq points, mais encore à tout le reste du territoire : puisque, disait-il, lors de l'émancipation, D. Bernardo Velasco, gouverneur du Paraguay, l'était également de toutes les Missions. Pendant les trois années que, repoussé de la Bande-Orientale par les Portugais, Artigas avait occupé toute la Mésopotamie Argentine, les relations de ces deux chefs, aussi absolus, aussi entiers et presque aussi féroces l'un que l'autre, avaient été des plus aigres. Francia n'avait jamais voulu entrer en arrangement avec Artigas et le traitait avec le plus grand dédain ; celui-ci avait répondu à ce dédain par des mesures restrictives du commerce de Paraguay, en frappant de droits énormes les navires qui, expédiés de l'Assomption, devaient passer nécessairement devant la ville de Corrientes. Telles étaient leurs relations, lorsque vaincu, poursuivi par son propre lieutenant, déserteur de sa cause, Artigas demanda un asile à son ennemi.

Francia, prévenu de cet événement, donna aussitôt ordre de recevoir les fugitifs, mais de n'en amener de l'autre côté du fleuve qu'un certain nombre à la fois, et de les désarmer à mesure. Artigas passa des premiers ; beaucoup d'Indiens de sa troupe se retirèrent alors et furent retrouver les ruines de leurs anciennes réductions et s'y établir de nouveau. Un petit nombre franchit le fleuve ; mais ces hommes, habitués à l'indiscipline et au pillage, trouvèrent un tout autre régime au Paraguay ; au premier méfait, ils furent saisis et fusillés. Artigas, conduit à l'Assomption, sollicita une audience du dictateur. Celui-ci le relégua à Curuguati, à 85 lieues nord-est de l'Assomption, et lui assigna une solde de trente-deux piastres par mois, somme presque considérable pour le pays. Abandonné à lui-même, Artigas redevint ce que la nature l'avait fait d'abord ; à soixante ans, il se mit à cultiver son champ, fut le père des pauvres de son canton, et édifia tout le monde par son excellente conduite. Après la mort de Francia, le nouveau président du Paraguay, don Carlos Lopez, fit cesser cet exil et lui permit de résider à l'Assomption ; Artigas y vécut jusqu'en 1850, époque à laquelle il mourut à l'âge de près de quatre-vingt-dix ans.

La famille de ce chef célèbre habite encore Montevideo, et son nom est resté fameux parmi les Indiens. Nul chef n'a autant d'influence sur les nombreux Guaranis qui habitent maintenant les bords du Mocoreta, frontière de l'Entre-Rios et de Corrientes, que le colonel Artigas, son fils, qui commande aujourd'hui cette frontière, et est un des bons officiers de la Confédération.

Après la chute d'Artigas et celle de son successeur Ramirez, qui ne se fit pas attendre, car il succomba dans une guerre civile, Francia, en 1822, résolut d'établir une sorte de tête de pont qui lui permît de pénétrer à sa volonté dans le territoire des Missions.

A cet effet il choisit, à quinze lieues ouest d'Itapua, sur la rive gauche du Rio-Parana, un endroit nommé anciennement Tranquera (barrière) de San Miguel et depuis Tranquera de Loreto, là où la bande de terrain qui sépare le fleuve de la lagune Ibera est le plus étroite. A cet endroit, non loin du petit rapide (*salto*) du Parana, situé entre la rive gauche et la grande île d'Apipé, il existait du temps des Jésuites de vastes enceintes à bétail (*potreros*), séparées les unes des autres par des fossés. Le dictateur profita de ces dispositions du terrain et des travaux déjà faits pour y construire une barrière fortifiée. Il fit creuser un large et profond fossé pouvant au besoin recevoir les eaux du fleuve et les faire communiquer avec celles de la lagune Ibera. L'escarpe de ce fossé fut couronnée par une palissade de gros bambous, et une porte avec pont-levis fut l'unique passage réservé pour se rendre dans le nord-ouest de la province de Corrientes. En outre, des cabanes et un fort construits dans le voisinage reçurent une garnison nombreuse. Par de pareilles précautions, les communications avec le reste du pays furent complétement fermées, et les Paraguayens avaient entière liberté d'action sur les Missions occidentales, où, jusqu'à l'époque actuelle, ils ont empêché la formation de tout établissement nouveau.

C'est à la Tranquera de Loreto, qu'en 1846, le président don Carlos Lopez, entretint jusqu'à dix mille hommes, lorsqu'il eut déclaré la guerre à Rosas. — Toutes les hostilités de sa part se bornèrent à cette démonstration sans péril.

Un peu plus à l'ouest, à l'endroit même où Artigas s'était présenté devant Itapua pour passer le Parana, le dictateur fit élever, sous le nom de Trinchera de los Paraguayos (fortification des Paraguayens), une grande muraille en forme de cercle de 1,200 mètres de longueur et dont les extrémités s'appuient sur le fleuve. Ce mur, construit avec les débris des cinq bourgs du Parana, a près de deux mètres de hauteur et est garni à l'intérieur d'une banquette destinée à faciliter le jeu de la mousqueterie.

En même temps, l'ancienne Mission d'Itapua reçut une forte garnison et l'on plaça un corps détaché dans les ruines de Candelaria. Au moyen de ces postes avancés, le Paraguay sauvegardait ainsi ses prétentions sur un territoire contesté et en retenait la possession réelle jusqu'à l'Aguapey. Mais le principal avantage de ces mesures fut de conserver les communications franches avec le Brésil, pendant que les prétentions de Rosas fermaient la voie si commode des fleuves Paraguay et Parana. Itapua, tout en étant ville de guerre, devint la place de commerce principale du Paraguay jusqu'en 1852; presque tout le trafic extérieur se fit par cette voie. Les marchandises européennes étaient importées à la ville brésilienne de San-Borja sur l'Uruguay; de là, à travers le fleuve, au village de l'Hormiguero, groupe de maisons qui s'était établi sur la rive, puis des charrettes les menaient à la Trinchera.

De 1840 jusqu'à 1849, le transit par cette partie des Missions se fit avec assez d'activité. Quelques fermiers hardis se hasardèrent même à établir des estancias sur ce territoire et commençaient à prospérer, lorsque tout à coup, en 1849, les Paraguayens, par suite de difficultés avec le gouvernement de Corrientes, envahirent le territoire, enlevèrent les estancieros et leur bétail, brûlèrent le village de l'Hormiguero, et le pays redevint encore une fois désert. Il n'est plus traversé aujourd'hui que par les rares voyageurs qui vont de San-Borja à Itapua, tout le commerce se faisant maintenant par la ville de l'Assomption et les fleuves.

Telle fut la fin des Missions comprises entre le Parana et l'Uruguay. Des quinze bourgades florissantes qui ornaient ce territoire, pas une ne resta debout. La Cruz seule a conservé quelques habitants qui y revinrent vers 1832.

Quant aux Missions orientales, elles n'eurent pas un meilleur sort.

IX.

Ruine des Missions orientales en 1828.

Nous avons vu comment, occupées par les Portugais en 1802, elles avaient pu en partie échapper aux dévastations de la guerre de 1817; mais elles n'en avaient pas moins souffert par l'abandon des travaux de l'agriculture, par les levées d'hommes faites de gré ou de force au milieu de la population indienne, pour en renforcer les troupes de Chagas. Maîtres absolus de la Bande-Orientale en 1820, après la retraite d'Artigas, les Portugais avaient continué à protester de leur désintéressement et à proclamer que leur intervention dans les affaires du pays n'avait lieu que pour le sauver de l'anarchie et que leur armée reconnaîtrait toujours les autorités locales, jusqu'à ce que la pacification eût lieu. En 1821, ce masque tomba, le général Lecor déclara la Bande-Orientale réunie aux possessions portugaises du Brésil, et constituant une de leurs provinces que l'on désigna sous le nom de Cisplatine. Le but séculaire du Portugal était atteint; l'Uruguay et la Plata formaient enfin la limite méridionale de l'empire.

La frontière de la province Cisplatine fut fixée au Cuareim, grande rivière qui débouche dans l'Uruguay, presque en face du Rio-Miriñay venu du nord-nord-ouest, lequel formait jadis la limite des Missions. Les sept Réductions de la rive gauche restèrent annexées à la province de Rio-Grande do Sul, et les Indiens continuèrent à y vivre dans une tranquillité relative, quoique bien réduits en nombre et assez négligés par leurs maîtres. L'indépendance du Brésil, proclamée en 1822 et judicieusement acceptée par le Portugal, ne changea rien à cet état de choses. — Mais il était dit que rien de ces créations utiles ne devait subsister.

En 1825, la Bande-Orientale se souleva contre le Brésil ; Buenos-Ayres prit fait et cause pour les Orientaux, et une guerre acharnée s'engagea entre tout ce qui parlait espagnol et ce qui parlait portugais. Ce fut une véritable guerre de race, où l'on se battit bien de part et d'autre, et où les Brésiliens éprouvèrent plusieurs échecs fort sérieux. Cependant, nombreux et compactes, possesseurs de Montevideo, appuyés sur une escadre nombreuse, ils rendaient l'issue de la guerre incertaine, lorsque l'interposition de l'Angleterre amena la paix, en favorisant la formation de la Bande-Orientale en un État indépendant, sous le nom d'État oriental de l'Uruguay. Les Orientaux ainsi émancipés adoptèrent la forme républicaine, et l'on sait quelle a été depuis leur histoire.

Pendant les péripéties diverses de cette guerre acharnée, qui dura trois ans, le colonel D. Fructuoso Rivera, Oriental, ancien officier d'Artigas, et alors au service du Brésil, se rallia à ses compatriotes.

Sa soumission fut acceptée avec une médiocre confiance par les Argentins, qui l'avaient vu, dans une occasion remarquable, se séparer de son chef. D'ailleurs, son indépendance, son goût pour la *montonera* (guerre de partisans), ses allures de chef de parti, le rendaient suspect. Le général Martin Rodriguez, peu rassuré sur son compte, l'avait engagé à aller se présenter au gouvernement de Buenos-Ayres. Pendant que l'on faisait une sorte d'enquête sur sa conduite, Rivera s'enfuit à Santa-Fé, et demanda un asile à Estanislao Lopez, gouverneur de cette province, avec lequel il avait d'anciennes relations. Tous deux concertèrent alors une expédition hardie, qui devait faire éclater le patriotisme de Rivera, tout en servant ses intentions secrètes, et en même temps faire honneur à Lopez. C'était, du reste, une diversion favorable au succès des armes argentines et orientales.

Rivera traverse donc à la hâte l'Entre-Rios et le sud de Corrientes, à la tête de cent Indiens Charruas et d'une soixantaine de Gauchos ; il se présente comme l'avant-garde de l'armée de Santa-Fé, qui le suit, dit-il, à marches forcées ; il franchit l'Uruguay au *paso* de Santa-Ana, au-dessous de l'Ibicuy. Une garde brésilienne défendait le passage de cette dernière rivière à Mariano-Paso ; Rivera la culbute et tombe brusquement sur les Missions orientales, avant que l'on ait su sa marche à Buenos-Ayres ou à Montevideo. Les négociations qui amenèrent la paix étaient commencées : le gouvernement argentin, irrité des difficultés que pouvait soulever cette démarche de Rivera, et qui désirait ardemment la fin d'une guerre qui le ruinait, envoya à sa poursuite le colonel oriental Manuel Oribe ; mais l'expédition fut menée avec tant de secret et tant de rapidité, que, quand on voulut l'empêcher, tout était déjà fini. Comme, en somme, on n'aimait pas les Brésiliens, que les Missions inspiraient peu d'intérêt, on ne parla plus de cette affaire, et on laissa les estancieros de l'Ibicuy et du Cuareim se plaindre inutilement d'avoir été dépouillés de leur bétail. Les deux nations avaient un désir égal de la paix.

Le but de Rivera était exactement le même que celui d'Artigas : recruter des soldats parmi les Indiens. Mais comme son caractère, bien différent de celui de son premier chef, était humain et porté à la douceur, cette mesure militaire ne fut point accompagnée des cruautés qui avaient souillé plus d'une fois les opérations d'Artigas. Les Indiens ne firent d'ailleurs aucune espèce de résistance ; le peu de troupes brésiliennes qui se trouvaient dans ces cantons prit la fuite, et Rivera put opérer à son aise son immense razzia. La population tout entière fu. emmenée ; les hommes valides furent incorporés dans ses troupes ; les familles formèrent un énorme convoi. Sur des charrettes, on emporta les statues des saints, les ornements et les cloches des églises. Tout le bétail fut également rassemblé et chassé vers l'Ibicuy avec le reste de la troupe. Aux *pasos* (gués) de l'Ibicuy et à ceux du Cuareim, plusieurs des charrettes qui portaient les cloches se brisèrent, et l'on assure que ces cloches se voient encore aujourd'hui au même endroit, dans les basses eaux. Une barque qui en portait deux chavira au *paso* de los Corralitos dans l'Uruguay, à une lieue au-dessous du Salto ; les autres arrivèrent à Montevideo, où elles furent distribuées à différentes églises de la campagne. Les familles furent cantonnées de l'autre côté du Cuareim ; on forma les villages de Santa-Rosa ou Bella-Union près de l'embouchure de cette rivière, et celui de Belem, presque en face de celle du Mocoreta. — Incorporés dans l'armée de Rivera, les Guaranis des Missions brésiliennes firent exactement ce qu'avaient fait ceux des Missions correntines dans l'armée d'Artigas : ils devinrent ses soldats les plus fidèles et les plus dévoués pendant toutes les guerres que ce chef, devenu bientôt après arbitre de la Bande-Orientale, eut à soutenir.

A la paix de 1828, lorsque la création de l'État oriental de l'Uruguay eut amené un traité de limites modifié depuis en 1851, la ruine des établissements jésuitiques était donc consommée, et, excepté San-Borja, à qui sa position sur une grande rivière navigable faisait conserver des habitants appartenant à toutes les races de la Plata, les autres bourgades étaient désertes.

Les familles des Indiens enlevées à ces Missions avaient été, comme nous l'avons vu, établies entre le Cuareim et l'Arapey, le long du fleuve Uruguay, sur un espace de vingt-six lieues. A la paix, les hommes qu'on avait fait soldats étaient venus les rejoindre ; mais, naturellement, ils avaient pris la licence des camps, les habitudes pillardes des armées de ce temps, et bientôt ils devinrent un fléau pour les estancias du nord de la République. Unis aux restes des Charruas, aux déserteurs et à tous les bandits du pays, ils se mirent à faire des excursions dans les environs, enlevant du bétail qu'ils allaient vendre au Brésil, et formant des groupes armés à la disposition du premier chef de parti (*caudillo*) qui voulut troubler la République. Le gouvernement de Montevideo crut devoir alors envoyer des troupes contre eux. Le général D. Fructuoso Rivera, devenu président, vit son frère périr en combattant contre ces bandits. Il fallut alors en venir aux moyens les plus énergiques, et, dans le cours de l'année 1832, les derniers Charruas furent exterminés. Les Guaranis Misioneros, qui s'étaient alliés à eux, périrent en partie : l'autre part fut incorporée de nouveau dans l'armée ; on amena les familles dans la capitale, et la plupart, distribuées pour le service domestique dans les maisons particulières, se mêlèrent peu à peu au reste de la population. Un très-petit nombre retourna dans son pays.

Telle fut la fin des derniers Indiens des Missions. Ils ont disparu comme groupes de population ; mais les restes nombreux de leur race sont aujourd'hui mêlés aux Orientaux, aux Entre-Rians et aux Correntins, avec lesquels ils se fondent tous les ours. De ceux qui s'étaient attachés à la fortune de Rivera, bien peu ont survécu aux sanglantes batailles de l'Arroyo-Grande (6 décembre 1842), et surtout de la India-Muerta (27 mars 1845), où ses troupes furent entièrement défaites par les armées du général Rosas, qui, à son tour, convoitait la possession de la Bande-Orientale et lutta infructueusement treize années pour la conquérir.

Après l'expédition de Rivera, les Missions orientales étaient de fait dissoutes. Elles furent abandonnées, en grande partie, par le peu de population qui y restait ou qui y était revenue. Le hameau de San-Vicente se forma d'une vingtaine de familles qui, sous la direction d'un lieutenant brésilien, faisaient valoir une assez grande estancia, débris de leurs antiques possessions. M. Isabelle, qui parcourut la province de Rio-Grande en 1833, les y vit, et les trouva dans des conditions d'existence très-supportables. Du reste, il faut le proclamer ici, l'administration brésilienne fut bien plus paternelle à l'égard des Indiens que l'administration portugaise. Le gouvernement impérial s'occupe aujourd'hui avec zèle de la civilisation des nombreuses tribus qui existent dans l'intérieur de l'empire, et le temps n'est plus d'une extermination systématique.

En 1835, un recensement officiel de la population des Missions orientales donnait les chiffres suivants : 130 individus adultes, 38 invalides, 38 enfants ; — 113 femmes, dont 32 infirmes ; 37 filles : — reste total d'une population de 30,000 âmes soixante ans auparavant.

De leurs anciennes propriétés, ils avaient encore : 5 estancias (fermes à bétail), 9 potreros (pâturages fermés), 2 invernadas (pâturages d'hiver où les animaux ne maigrissent point), 8 chacras (établissements de culture), 31 rincones (coins de terre fermés par un ruisseau), 21,000 têtes de bétail, 642 chevaux, 952 juments. Des mains d'un administrateur particulier, la surveillance de ces propriétés passa dans celles du juge des mineurs. — Depuis vingt années, ce chiffre a encore diminué. Les propriétés du petit nombre d'Indiens qui ne se sont pas encore fondus avec le reste de la population, se bornent à des lambeaux de terre où ils cultivent du maïs, et à quelques vaches laitières. Du reste, ils passent la plupart du temps à ne rien faire, et les vieillards, hommes ou femmes, mendient.

X.

Missions du Paraguay. — Leur histoire depuis 1810 jusqu'à leur dissolution en 1848.

De l'autre côté du Parana, les choses s'étaient autrement passées, et l'humanité eut moins à gémir. Les dernières Missions, en effet, ne furent dissoutes qu'en 1848, et les anciens bourgs, construits du temps des Jésuites, existent encore aujourd'hui avec leurs églises et la plupart de leurs autres édifices.

Dès l'année 1811, le Paraguay avait refusé de se mêler aux événements dont le reste de la Plata était le théâtre. En déposant, à cette époque, le gouverneur espagnol D. Bernardo Velasco, il avait déclaré son indépendance de l'Espagne et commencé à se gouverner lui-même, tant bien que mal, avec toute l'inexpérience d'un peuple émancipé sans préparation. Pendant quatre années, la lutte des divers partis, dans lesquels se partagea le pays, fut acharnée sans être trop sanglante, jusqu'à ce qu'enfin, en 1814, l'avocat Francia, à force d'astuce et d'habileté, parvint à dominer tous ses concurrents et à se faire nommer, d'abord dictateur à temps, puis, en 1817, dictateur suprême et perpétuel. Depuis cette époque, le Paraguay entra dans une voie d'isolement et de servitude dont il n'est point encore sorti, malgré les modifications plus apparentes que réelles que l'administration du président, don Carlos Lopez, a apportées dans le régime politique du pays. La dictature féroce et brutalement égoïste de Francia a disparu après sa mort, pour faire place à une autre dictature non moins entière, non moins jalouse, mais revêtue de formes plus douces et avec plus de concessions officielles à l'opinion. A peu de chose près, le fond est resté le même, et, au point de vue fiscal, la population du Paraguay a été exploitée avec un ensemble de mesures qui rappellent, à peu de choses près, le régime de l'Égypte sous Méhémet-Ali. Mais en monopolisant tout le commerce, toute l'industrie, le gouvernement de M. Lopez n'a créé ni barrage du Nil, ni manufactures, ni canaux; il n'a créé qu'une armée sans vêtements et sans vivres; une administration misérable et inepte; une population qui, dans le plus beau et le plus fertile pays du monde, meurt littéralement de faim; car l'absurde régime qui pèse sur elle ne lui laisse ni le temps de cultiver le pauvre coin de terre qui devrait la nourrir, ni la faculté d'échanger librement un peu de tabac ou de mélasse contre le morceau de flanelle ou de calicot qui doit former son vêtement (1).

Ainsi que nous l'avons vu, le territoire des Missions du Paraguay renfermait tout le pays compris entre le Parana et le Tébicuary, rivière qui, descendue de la chaîne centrale et grossie de tous les ruisseaux des massifs boisés qui la constituent, va se jeter dans le Rio-Paraguay après un cours de 120 lieues. Il formait un quart de la grande province connue sous ce nom et renfermant les bourgs de Jésus, Trinidad, Itapua et San-Cosme, sur le Parana; ceux de Santiago, San-Ignacio-Guazu, Santa-Rosa et Santa-Maria-de-Fé, entre ce fleuve et le Tebicuary. Quant aux trois Missions du nord, San-Joaquim, San-Estanislao et Belem, elles restaient en dehors de la province et faisaient partie du Paraguay proprement dit.

De l'autre côté du Tebicuary, on comptait aussi des Missions, non jésuitiques, gouvernées par les pères franciscains qui avaient adopté, mais en partie, le ré-

---

(1) Ces lignes ont été écrites en 1856; nous devons à la vérité de déclarer que depuis 1858 jusqu'à l'époque de sa mort arrivée en 1862, D. Carlos Lopez avait modifié son système et amélioré l'administration. Son fils, le Président actuel, brigadier-général D. Francisco Solano Lopez, a continué les améliorations commencées par son père. — Le Paraguay a aujourd'hui une bonne armée, bien vêtue, bien nourrie et bien logée. Le campement d'Humaita, jadis séjour de la dyssenterie et des fièvres pernicieuses, a été assaini, et on y a construit de bonnes casernes. L'État possède une petite flotte à vapeur, dont la plus grande partie a été construite sur ses chantiers. L'Assomption a des quais, un arsenal, des docks, un hôpital, un théâtre, des écoles. Un chemin de fer a été ouvert et conduira à 40 lieues de la capitale, à Villa-Rica, centre de la production du tabac. Le gouvernement a provoqué et favorisé la culture du coton. Nul doute que le jeune Président, auquel on doit déjà tant de sages et bonnes mesures administratives, ne persiste dans cette voie et ne modifie un jour certains règlements et monopoles qui entravent et ralentissent l'agriculture et l'industrie paraguayennes. — Le pays jouit d'une paix profonde et évite judicieusement de se mêler aux querelles de ses voisins; on peut donc s'y occuper à loisir du développement de ses ressources morales et matérielles.

gime communautaire. La plupart de ces villages, presque exclusivement peuplés d'Indiens, avaient été fondés à l'époque de la conquête, c'étaient ceux de :

Ita.................................	Fondé en	1536
Yaguaron........................	—	1536
Ipané.............................	—	1538
Guarambaré....................	—	1538
Aregua...........................	—	1538
Altos..............................	—	1538
Atira..............................	—	1538
Tobaty...........................	—	1538
Caa-Zapa.......................	—	1607
Yuti...............................	—	1610
Itapé..............................	—	1610

La plupart de ces bourgs sont situés à l'est de la ville de l'Assomption, et à une assez courte distance de cette capitale. Ils sont compris entre le Tebicuary, au sud ; la Cordillère, à l'est ; le Rio-Paraguay, à l'ouest, et le Mandubiray, au nord ; région, qui constitue aujourd'hui la partie la plus peuplée de tout le Paraguay. Ces villages s'y trouvaient très-rapprochés d'autres bourgs, primitivement peuplés d'Espagnols ; leur population se confondit en partie avec celle des premiers colons, la communication avec eux étant beaucoup plus libre que de l'autre côté du Tebicuary.

Pendant la dictature de Francia, le régime ancien fut maintenu dans les Missions ; le dictateur se piquait peu de faire des innovations. Pourvu que tout le monde pliât le genou, que toute velléité d'opposition fût rentrée en terre, enfin, que sa monomanie de pouvoir absolu fût satisfaite, le reste lui importait peu. D'ailleurs, le régime unitaire et presque monacal des Missions lui convenait, quoiqu'il affectât d'être ennemi de toute institution religieuse et de professer un déisme pur. A sa mort, en 1840, les Missions du Paraguay étaient exactement dans le même état qu'en 1810. Un majordome nommé par le dictateur dirigeait chaque bourgade et faisait travailler les Indiens. Si ce majordome avait quelque intelligence et quelque bonté, ceux-ci étaient fort heureux. Un curé était chargé du spirituel et vieillissait dans ce poste. Le dictateur aimait avant tout l'immobilité.

Francia mort, aucun changement n'eut lieu jusqu'en 1848, époque à laquelle le président, don Carlos Lopez, jugea à propos de dissoudre les communautés indiennes et de placer leurs habitants sous le régime général.

Ainsi donc, les onze anciennes Missions des Jésuites et les dix qui avaient été longtemps entre les mains des Franciscains, en tout vingt et une, furent solennellement déclarées bourgs libres, et leur population assimilée à celle du reste du Paraguay. Mais, en même temps, l'État s'empara du territoire entier des Missions, des terres de culture, des bâtiments, des églises et surtout des estancias qui renfermaient une quantité considérable de bétail. On assure que la saisie de ces immenses troupeaux était, au fond, le véritable motif de cette mesure soi-disant libérale, et que le gouvernement fit sonner bien haut. En réalité, ce n'était guère qu'une spoliation, car en échange de ces bestiaux, dont le produit nourrissait la communauté, de ces maisons bâties par leurs ancêtres, que donnait-on aux Indiens ? Quelques vaches laitières et bœufs de labour pour chaque famille ; des ustensiles aratoires qui n'étaient que prêtés, des semences pour une seule fois, un champ également prêté et dont la propriété restait à l'État; enfin, l'exemption de la dîme pendant huit années. En outre, les Indiens devenaient sujets au service militaire, service très-rigoureux dans un pays où pourtant, depuis quarante-cinq ans, l'on n'a pas tiré un coup de fusil, et aux prestations en nature, dont les Paraguayens sont grevés la moitié de l'année. Leur condition devint certainement pire qu'auparavant; car, sous le régime communautaire, ils avaient le logement, la nourriture et les vêtements, en échange du travail en commun, tandis qu'aujourd'hui, abandonnés à eux-mêmes, ils sont tombés dans la plus profonde misère. En effet, moyennement intelligents, médiocrement laborieux, une fois soustraits à la direction à laquelle ils étaient habitués, ils n'ont su se construire que de misérables chaumières au milieu du champ mal clos où ils cultivent le maïs, le manioc, les citrouilles et le tabac, comme le reste des Paraguayens, mais encore avec moins d'entrain que ces derniers, et n'ont point su se créer, en dehors de cela, quelques industries lucratives. On a bien laissé, dans les bourgs, un majordome qui fait l'office de juge de paix; mais, occupé de ses propres affaires, et n'ayant plus qu'une autorité incomplète, ce fonctionnaire se mêle fort peu de ce que font les Indiens, pourvu qu'ils soient prêts à accomplir toutes les corvées que l'administration leur impose, comme au reste des citoyens. Car, il ne faut pas se le dissimuler, le Paraguay, aujourd'hui, n'est qu'une immense communauté, une vaste Mission dont M. Lopez et ses enfants sont les majordomes, à la différence que les sociétaires ne sont ni nourris, ni vêtus, et n'ont surtout aucune part du bénéfice général. Les rouages d'une administration pareille sont fort simples et peu dispendieux; aussi le Paraguay offre-t-il aujourd'hui le spectacle d'un gouvernement fabuleusement riche, alors que la nation n'a pas à manger et que le faible commerce d'échange qui seul lui reste permis, celui du tabac et des cigares, se trouve menacé à chaque instant par l'avidité toujours croissante du fisc.

Dans l'état actuel des choses, la population indienne des Missions jésuitiques du Paraguay se trouve réduite au tiers de ce qu'elle était il y a soixante ans, ainsi qu'on peut s'en assurer par le tableau suivant :

Population en 1796, selon Azara.	Ames.	Population en 1856, selon l'auteur.	Ames.
Corpus	2,267	La population a été versée dans les autres bourgs.	
San-Ignacio-Mini	806		
Loreto	1,519	La population de la colonie de Pyra-Puytain peut être de	400
Santa-Ana	1,430		
Candelaria	1,514		
Jesus	1,485		300
Trinidad	1,017		400
Itapua	1,409	ou Carmen	800
San-Cosme	1,036		900
Santiago	1,097		800
San-Ignacio-Guazu	864		500
Santa-Rosa	1,283		300
Santa-Maria-de-Fé	1,144		400
San-Estanislao	729	Environ	1,000
San-Joaquin	854		
Belem	361		
	18,515		5,800

C'est donc à dire que la population dans ces soixante années a diminué des deux tiers, et cela non par la guerre ou les persécutions. En effet, à part les cinq bourgs paraniens, que nous n'avons cités que pour mémoire, et qui ont été ruinés à dessein par Francia, la population a décru naturellement et sur les lieux mêmes, car il faut qu'on sache bien que l'Indien, pas plus que le Paraguayen, n'a la faculté de changer de département sans une permission spéciale du chef de l'État, et que cette permission se demande peu et s'accorde encore moins. Par conséquent, la diminution de cette population n'a tenu qu'à la direction qui lui était imprimée et au régime auquel elle a été soumise.

Depuis qu'elle est abandonnée à elle-même, la population indienne diminue plus rapidement encore, grâce à l'alimentation insuffisante et surtout irrégulière à laquelle elle est soumise, par suite de son imprévoyance et de son incurie. Il en est différemment lorsqu'il s'agit des métis nombreux qui sont le fruit du commerce des Indiennes avec les blancs; leur nombre a crû considérablement, et ils forment en réalité le fond principal de la nation paraguayenne. Ces mêmes bourgs des Missions sont en grande partie envahis, et remplis par eux et par les blancs qui louent au gouvernement les anciennes maisons jadis habitées par les Indiens, et établissent leurs cultures dans les environs. Ils payent dans ce cas à l'État, devenu l'unique propriétaire du fonds, la location du terrain; ce prix est d'ailleurs assez modique.

La paix dont a joui le Paraguay a donc contribué à conserver la plus grande partie des Missions, situées de l'autre côté du Parana, avec leurs églises, leurs colléges et leurs maisons. — Les majordomes étaient chargés de les entretenir lorsque le régime de la communauté durait encore; depuis son abolition, l'État s'est chargé de ce soin dans plusieurs endroits, il s'en acquitte convenablement. Tout, ainsi que nous le verrons dans la description de chaque Mission, est en partie réparé et maintenu habitable. C'est au Paraguay seulement que l'on peut retrouver des bourgs de Réductions offrant à peu près le même aspect dans leurs constructions qu'il y a cent ans, au moment de l'expulsion de leurs directeurs, et des églises qui donnent une idée de l'architecture, de l'ornementation intérieure et de la richesse de ces édifices à l'époque de leur prospérité. — Hors du Paraguay, il n'y a plus rien.

Nous avons passé cinq mois, tout l'été de 1855 à 1856, à parcourir le territoire fameux où s'élevèrent ces créations remarquables; c'est donc comme témoin oculaire que nous pouvons en parler. — Nous avons cru devoir étudier ces contrées en détail, car bien peu sont plus propres à la demeure de l'homme, bien peu aussi seront capables de nourrir un plus grand nombre d'habitants, alors que la civilisation aura reparu sur les rives supérieures des deux grands fleuves Parana et Uruguay.

XI.

Missions occidentales dites aussi de l'Entre-Rios ou de Corrientes. — Leur état actuel.

Le territoire de cette partie des Missions forme un triangle compris entre le fleuve Uruguay, à l'Est; le Miriñay et la Laguna Ibera, à l'Ouest; le Parana, au

Nord ; les forêts vierges de la Sierra des Missions, au Nord-Est. — Jusqu'au point où les deux grands fleuves se rapprochent de manière à ne laisser entre eux qu'un espace de vingt lieues, cette région est une vaste plaine ondulée, semée de bouquets de bois, de petites lagunes et de ruisseaux, qui tous se jettent dans l'Uruguay. A partir de San-Carlos et de San-José, commence la montagne, c'est-à-dire une chaîne de collines boisées, qui vont se joindre à la grande Sierra, laquelle, courant de l'Ouest à l'Est, sépare les bassins de l'Uruguay et de l'Y-Guazu.

Ce terrain est traversé en entier par l'Aguapey, rivière qui prend sa source près de San-Carlos dans la petite sierra del-Iman, et, décrivant un grand arc de cercle, dont la concavité regarde l'Ouest, vient après un cours de 60 lieues déboucher dans l'Uruguay, au-dessus de La Cruz. — Jadis il était presque exclusivement consacré à l'éducation du bétail, et de nombreuses estancias y étaient établies. Chaque estancia avait ordinairement une petite chapelle et un certain nombre de bâtiments de service ; aussi beaucoup de cartes anciennes et même modernes les signalent-elles comme des villages, désignation inexacte, car il n'y avait dans cette partie des Missions que les 15 bourgs que nous avons déjà nommés. — A partir de l'embouchure de l'Aguapey, le pays est entièrement inhabité aujourd'hui. Avant 1849, un certain nombre de Correntins et de Brésiliens avaient commencé à y former quelques estancias ; mais, à cette époque, le Paraguay alléguant des droits sur ce territoire, les garnisons d'Itapua et de la Trinchera, commandées par le fils du président Lopez, vinrent brusquement y faire une razzia générale et ne laissèrent pas une tête de bétail. L'opération s'exécuta sans la moindre difficulté, car il n'y avait pas un seul soldat dans la contrée, et les habitants se réduisaient à quelques centaines. Depuis cette époque, pas un seul établissement ne s'est formé et le pays est redevenu ce qu'il était depuis 1817, un désert. Seulement, sur la côte de l'Uruguay, quelques Correntinos et étrangers se sont mis à exploiter des bois et à préparer un peu d'herbe-maté, l'arbre qui la produit composant des forêts entières, au-dessus de San-Xavier. — Les dernières nouvelles nous annoncent que le nombre de ces travailleurs s'est beaucoup augmenté depuis 1862, époque à laquelle la navigation à vapeur a été établie sur le haut Uruguay, aussi bien que le double service de diligences de la Concordia et du Salto, à la Restauracion et à la Uruguayana, comme aussi pour Itaquy et San-Borja.

La pointe sud du territoire des Missions occidentales, entre le Miriñay et le Guabirabi, forme le département correntin de la Restauracion, du nom du bourg qui en est le chef-lieu. Ce bourg est un point très-commerçant dont la fondation remonte seulement à 1843, ainsi que celle de la ville brésilienne de la Uruguayana qui est située en face de l'autre côté de l'Uruguay. Ce fleuve a dans cet endroit 3,000 mètres au moins de largeur. La Restauracion peut avoir un millier d'habitants, parmi lesquels beaucoup d'étrangers. C'est un des entrepôts du commerce de la yerba-maté. Cependant l'industrie principale du département consiste dans l'éducation du bétail et son exportation au Brésil.

A 8 lieues au-dessus de la Restauracion, sur la rive même de l'Uruguay, se trouvent les ruines de Yapeyu, capitale de toutes les Missions du temps des Pères de la compagnie de Jésus. — Yapeyu était une véritable ville, et il est facile de le reconnaître à l'espace que couvrent ses ruines ; il y a 60 ans, elle avait encore, suivant Azara, 5,500 habitants. — Un bois presque impénétrable couvre son emplacement; pour examiner les débris qui subsistent encore, il faut s'ouvrir un chemin avec le couteau de chasse, à travers les épais fourrés qui l'enveloppent. On reconnaît les murs de l'église, ceux du collége, habitation des pères, et des magasins. La file des maisons qui formaient la place était abritée par une double galerie soutenue par des piliers en bois d'Urundey, la meilleure essence de ces contrées. Des dés de grès rouge très-bien travaillés supportaient ces piliers dont quelques-uns sont encore debout, tandis que les autres gisent à demi brûlés sur le sol. — Une douzaine de familles vivent autour de ces ruines, et déblayent de temps à autre un carré de bois pour y semer du maïs; et plus d'une fois leur hache ignorante et brutale s'attaque aux magnifiques palmiers, les plus hauts et les plus vigoureux que nous ayons vus sur ces rives, aux superbes espèces arborescentes plantées jadis par les Jésuites et qui donnaient de l'ombre à la place des Carrousels où figuraient les Indiens dans leurs exercices et leurs jeux. Nous avons été assez heureux pour sauver le reste de ces beaux arbres en obtenant du gouverneur de Corrientes un ordre envoyé immédiatement au juge de paix du canton pour les faire respecter. — Depuis notre visite, quelques colons français sont allés s'établir dans cette antique Mission et en nettoient les ruines pour s'y installer. On nous assure que leur petite colonie y prospère. La localité est on ne peut mieux choisie pour un établissement de ce genre.

En effet, Yapeyu est placé sur la rive même de l'Uruguay, sur un terrain ondulé parfaitement à l'abri des inondations du fleuve et à une lieue de l'embouchure de l'Ibicuy, rivière considérable qui arrose une grande partie de la province brésilienne de Rio-Grande-do-Sul. — Il est proche des deux points si importants de l'Uruguayana et de la Restauracion, le centre de tout le commerce des Missions et qui communiquent facilement avec tous les autres ports du fleuve. Le *Rincon*, ou cul-de-sac, formé par le Rio Guabirabi, est éminemment fertile, aussi apte à l'agriculture qu'à l'éducation du bétail, et tout y favorisera le développement d'une population un peu laborieuse.

La Cruz, à sept lieues au-dessus de Yapeyu, est bâti sur une colline que signalent au loin ses hauts palmiers. Sa position est très-pittoresque; l'Uruguay en baigne les pieds, et du plateau que couvre l'ancienne Mission, la vue s'étend à l'ouest jusqu'aux *tres cerros*, trois rochers qui s'élèvent comme d'énormes tumulus dans la plaine, et de leur sommet dénudé laissent voir les vastes marécages de la lagune Ibera, qui commence à dix lieues ouest de La Cruz. — La plupart des maisons qui bordaient la place existent, mais beaucoup n'ont plus de toit. Le collége est ruiné en partie et l'arc de son portail, en rès assez grossièrement sculpté, gît sur le sol. Cependant il reste encore une partie des bâtiments en assez bon état pour pouvoir loger le commandant militaire du département et sa famille. Les murailles de l'ancien jardin des pères sont également debout ; mais celui-ci est envahi par des broussailles qui étouffent les orangers, les figuiers et les grenadiers qui le remplissent. Dans la cour, on trouve, au sommet d'une élégante colonne de grès rouge, un cadran solaire portant le millésime de 1730, son style marque encore aujourd'hui les heures; il a compté les moments de bonheur et de misère qu'a eus successivement cette pauvre bourgade.

A la magnifique église incendiée par Chagas, a succédé une misérable chaumière dont les murs sont en terre battue, et dont la pauvreté intérieure est au-dessous de tout ce qu'on peut imaginer. — Nous visitâmes La Cruz un dimanche; le curé était mort depuis un an et n'avait pu être remplacé. Un jeune sacristain guarani célébrait l'office du soir ; une vieille Indienne conduisait le chant qu'accompagnaient deux guitares, une flûte et deux violons. L'attitude du petit nombre d'Indiens et de métis qui remplissaient l'église désolée était dévote et recueillie. En songeant à la prospérité passée de La Cruz et à sa misère actuelle, à la foi et à la résignation de ces pauvres gens, les larmes nous vinrent aux yeux.

Le cimetière voisin de l'église est tenu avec beaucoup de propreté, et nombre de tombes anciennes ont encore leur pierre tumulaire avec son épitaphe en guarani. Un magnifique et haut palmier orne chacun des quatre angles de ce cimetière dont une haie d'orangers couvre le mur du fond et en dissimule les pierres écroulées.

Une haute et épaisse muraille en pierres sèches, construite jadis pour la défendre contre les attaques des Indiens sauvages, entoure encore le village de la Cruz. Cette muraille forme un parallélogramme de 400 mètres de côté. Les quatre anciennes portes n'existent plus, et de nombreux cactus parasites disjoignent, avec le temps, les blocs qui la composent ; sur beaucoup de points, elle est couronnée de ces élégantes bromélias dont les feuilles deviennent d'un rouge éclatant au moment de la floraison de la plante (*caraguata guyanensis*).

Il paraît qu'autrefois les Jésuites faisaient cultiver la vigne dans cette Mission, et qu'on y recueillait un vin estimé. De ces vignes anciennes il ne reste que quelques treilles mal soignées et donnant à peine du fruit. — La population du département de la Cruz, qui est de 2,000 âmes à peu près, ne s'occupe aujourd'hui que de l'éducation du bétail.

La colline de grès rouge sur laquelle est bâtie la Cruz renferme du cinabre. On a recueilli plusieurs fois du mercure liquide dans la petite plaine qui est à ses pieds et sur les bords de l'Ysoquy, petit ruisseau qui coule près de là. Des minerais de cette nature se retrouvent du reste dans tout le territoire des Missions : à Santo-Tomé, à Santiago, à la Capilla de Mercedes, entre le Tebicuary et Santa-Maria-de-Fé, etc., etc. On ne les exploite pas faute d'argent, de bras, et surtout d'entrain.

La petite ville d'Itaquy, à deux lieues au-dessus de la Cruz, et centre aujourd'hui d'un vaste commerce de yerba-maté, dont la valeur s'élève à 600,000 piastres, était autrefois une estancia dépendant de cette Mission, dont les fermes à bétail étaient situées entre l'Ibicuy et le Butuhy. Ce territoire s'appelait Rincon de la Cruz. La conquête portugaise lui enleva ces propriétés en 1801.

Santo-Tomé est à vingt lieues de la Cruz, en remontant le fleuve Uruguay, et à une lieue et demie au-dessus du port de San-Borja. C'était une Mission des plus anciennes, et l'aspect de ses ruines témoigne de son importance. Il reste debout tout le mur du chevet de l'église, formé d'assises d'une roche altérée et assez poreuse, mêlées à d'autres blocs de grès compacte. Une partie des murs latéraux existent encore. Une foule de cactus et de lianes ont pris racine sur ces murailles. Leurs formes étranges et si différentes des plantes européennes donnent à ces ruines un aspect tout à fait extraordinaire. Les murailles du collège existent également ainsi qu'une partie des piliers qui supportaient la galerie intérieure ; ils sont en grès rouge parfaitement bien travaillé. On voit que ce bâtiment était construit avec plus de luxe que les autres. Quelques débris de sculptures gisant sur le sol attestent un art assez avancé. Nous remarquâmes surtout une tête d'ange culptée dans un bloc de grès d'un grain très-fin, et qui est réellement d'un bon travail. L'intérieur de ces ruines sert de cimetière aux habitants du village de l'Hormiguero et des environs.

Le sol de cette église, comme celui de la Cruz, de Yapeyu, a été fouillé en tous sens pour y rechercher de prétendus trésors. De même que tout le monde croit, au Pérou, que les Incas ont enfoui d'énormes quantités d'or pour les soustraire à l'avidité des conquérants, ainsi l'on pense, aux Missions, que les Jésuites, avant leur départ, et les Indiens, avant l'invasion portugaise, avaient enterré leurs richesses. Malgré toutes les fouilles possibles, on n'a jamais rien trouvé. Mais les chercheurs de trésors ne se sont pas découragés pour cela, et il est encore des gens persuadés qu'il y a d'immenses quantités d'or et d'argent monnayés enfouies dans quelque coin de ces ruines. Ces fouilles ont pourtant eu un avantage à Santo-Tomé : elles ont permis de constater la présence du mercure, dont on a recueilli certaines quantités qui filtraient à travers les terres remuées. L'ossature du sol de Santo-Tomé est composée de grès rouge, comme à la Cruz; mais il est mêlé à des grauwackes très-poreuses et boursouflées en certains endroits comme si elles avaient subi l'action du feu.

Toutes ces ruines sont recouvertes d'un bois épais. L'ancienne place seule est libre; mais une haie de broussailles impénétrables couvre la façade des maisons. Une douzaine de familles se sont cantonnées dans ces ruines et y ont établi quelques cultures. Elles ont ouvert un chemin à travers le bois pour arriver à l'Uruguay, qui coule à trois cents mètres au plus de la place. — Les environs de Santo-Tomé sont semés de bouquets d'arbres qui coupent agréablement la prairie. Les terres y sont d'une extrême fertilité.

En marchant directement de Santo-Tomé vers le Parana et la mission d'Itapua, c'est-à-dire au nord, on traverse les anciennes estancias de San-Estanislao, Casa-Pava, Santa-Marta et San-Alonzo. Des bouquets d'orangers et des croix signalent l'emplacement des chapelles détruites; mais il n'y a pas un habitant. A dix-huit lieues plus loin se présente le bois qui couvre le bourg de San-Carlos. La forêt est si touffue et a si mauvaise réputation à cause des jaguars qui l'habitent, que nos peons se refusèrent à ouvrir une picada pour y pénétrer. Depuis trente ans personne n'a mis le pied dans ces ruines, pas même pour y aller chercher le fruit des orangers dont le jardin des Pères doit être encore rempli.

Il n'en est pas de même de San-José, d'Apostoles et de Martires, où l'on va de temps à autre, à l'époque de la maturité de ces fruits. On a ménagé dans le bois de petits sentiers qui permettent d'arriver à l'ancien jardin du collége. Ce sont d'ailleurs des ruines informes et dont il n'y a pas à tirer grand parti. — Ces quatre bourgs sont situés dans une plaine accidentée, très-boisée, et coupée de nombreux ruisseaux. En arrivant près de San-Carlos, on a, du haut d'une colline, une vue magnifique sur la petite *Sierra del Iman*, qui commence au nord-est, et va se réunir à la grande sierra de *Misiones*. Le pays est réellement magnifique et ressemble beaucoup à un paysage du Forez. Ce sont de petites montagnes boisées, avec des vallées bien vertes, des coteaux dépouillés d'arbres, de petits cours d'eau venant se jeter dans l'Aguapey, qui prend sa source près de là. Le paysage est vraiment délicieux. Malheureusement la présence de l'homme ne vient pas l'animer; on n'y voit que des daims, des cerfs et des autruches; les bois sont remplis de pécaris; des volées de canards sauvages et d'autres palmipèdes couvrent les lagunes.

En se rapprochant de l'Uruguay, on trouve le groupe formé par les anciennes réductions de la Concepcion, Santa-Maria-la-Mayor et San-Xavier. — Les deux premiers bourgs sont à une lieue du fleuve et sur des collines couvertes d'une forêt presque impénétrable. — San-Xavier est situé sur la berge même, et l'on trouve quelques habitants dans ses ruines. Ces bourgs renferment encore des plantations de yerba-maté, que l'on exploite en petite quantité, mais surtout une multitude d'orangers donnant d'excellents fruits. Ces arbres forment de véritables forêts au-dessus de San-Xavier. — On voit que le pays était autrefois très-peuplé, car de tous côtés on heurte des ruines. Dans l'Uruguay, des piliers solidement bâtis marquent l'emplacement d'un moulin à eau; les gués de quelques ruisseaux sont pavés; on retrouve les traces de l'ancienne route qui conduisait à Santa-Ana et aux autres bourgs du Parana.

San-Xavier était l'entrepôt des *yerbales*, c'est-à-dire des points où l'on allait recueillir et préparer l'herbe-maté. — Un Français a retrouvé dernièrement le *Ñu-Guazu* ou *Campo-Grande*, ancienne fabrique où se torréfiait et se broyait la meilleure *yerba* des Missions. Les ruines de ce bâtiment sont proches du *Salto-Grande* de l'Uruguay, là où le fleuve cesse d'être navigable pour de grosses embarcations, à vingt-cinq lieues au-dessus de San-Xavier. Des forêts difficilement accessibles couvrent dans cette région les deux rives, et renferment de magnifiques bois de construction. C'est là seulement, en effet, que les arbres commencent à acquérir les formes colossales qui caractérisent la végétation des tropiques. Toute la Sierra de *Misiones* n'est qu'une forêt continue, sans la moindre clairière. — Quelques Indiens Tupis tout-à-fait sauvages y vivent de chasse, perdus dans la profondeur de ces fourrés. Il y a aussi quelques Guaranis anciennement civilisés qui s'y sont réfugiés et ont repris la vie de leurs ancêtres.

Aux environs de San-Xavier, on a trouvé des indices de gisements de charbon de terre. — Cette mission ne s'occupait que d'agriculture, et surtout de la récolte de la yerba. — La Concepcion avait ses estancias entre la lagune Ybera et le Rio-Aguapey. — Santa-Maria possédait les siennes le long de la côte du Parana, jusqu'à la Tranquera de San-Miguel, qui séparait les Missions du reste du territoire espagnol à l'ouest, entre la Ybera et le Parana; les autres fermes étaient disséminées entre l'Aguapey et l'Uruguay. — En général, la culture se limitait aux environs de chaque village, et elle suffisait de reste aux besoins de la population.

Le groupe formé par les cinq bourgs paraniens était situé le long de la côte ou à peu de distance du fleuve, à l'endroit où, descendant du nord au sud, dans un espace de cent cinquante lieues, il fait un coude à l'ouest pour aller, toujours dans cette direction, recevoir à cent lieues de là les eaux du Rio-Paraguay. Le pays où se trouvaient ces Réductions est accidenté, coupé également de nombreux ruisseaux, et parfaitement agréable. Aucun de ces bourgs, brûlés par ordre de Francia, n'existe aujourd'hui, et on reconnaît à peine leurs ruines. — En 1856, les méfiances du gouvernement paraguayen ne nous permirent pas de les visiter; nous pûmes seulement nous procurer quelques renseignements sur leur position géographique et l'état dans lequel ils se trouvent.

Corpus, le plus septentrional de tous, est à un quart de lieue du Parana, sur une petite élévation. Son église était à deux coupoles et d'une extrême richesse, dans le genre de celle de Santa-Rosa, dont nous parlerons plus tard. Il n'en reste que les murailles; la forêt a tout envahi et couvre les habitations.

San-Ignacio-Mini, à trois lieues plus bas que Corpus, et sur la rive même du fleuve. Le porche de l'église est construit en marbre non poli tiré de la montagne voisine. En ruines comme Corpus.

Loreto est à une lieue de la rivière et dans une petite plaine. Il n'avait rien de remarquable.

Santa-Ana est à deux lieues du Parana, sur une colline dont les pieds sont baignés par deux ruisseaux. Le canton est magnifique; il y a de beaux *yerbales* dans les alentours. M. Bompland était établi dans les ruines de cette Mission en 1820 lorsque les soldats de Francia vinrent l'y saisir, tuèrent deux de ses Indiens, le blessèrent lui-même, et le conduisirent prisonnier à Itapua.

Candelaria est sur le Parana même, à six lieues sud-ouest de Santa-Ana. Elle fut longtemps la capitale des Missions, après l'expulsion des Pères. A cet endroit le fleuve est assez rétréci: il n'a que huit cents mètres de large. Les Paraguayens ont sur la rive une sorte de caserne, et les soldats cultivent quelques champs dans les environs. Quant au bourg lui-même, tout est détruit et envahi par la végétation. Cette garnison envoie dans les environs, à 15 ou 20 lieues à la ronde, des patrouilles qui empêchent tout établissement de se former. Sans ces mesures si funestes à la prospérité de cette contrée, ces cantons se seraient déjà repeuplés, car le terrain est excellent et propre à toutes les cultures. Le gouvernement du Paraguay allègue, comme nous l'avons vu, les droits à la possession de ce territoire et en défend en conséquence les approches.

Au-dessus de Corpus, jusqu'au Rio-Yguazu, au nord, au San-Antonio et au Pepiri-Guazu, à l'est, il n'y a que des montagnes peu élevées, couvertes d'une forêt vierge continue, laquelle se lie avec celle de la Sierra des Missions qui longe l'Uruguay.

Ainsi donc, des quinze bourgs qui remplissaient le vaste triangle des Missions Occidentales, et qui renfermaient encore au commencement de ce siècle 26,820 habitants, à savoir: les cinq bourgs paraniens, 7,556; les dix autres, 19,284; pas un n'est resté debout. Pas un Indien même ne vit dans les ruines de son ancien village, sous le toit de la vieille maison de ses pères. Le peu de population qui est revenue habite le voisinage du fleuve Uruguay, prête à passer sur la rive brésilienne à la moindre menace de la part des Paraguayens, et ne s'aventure pas dans l'intérieur. Pour visiter ces débris d'une autre époque, il faut faire une sorte d'expédition.

Depuis l'organisation de la Confédération argentine en 1853, ce territoire a été assigné à la province de Corrientes qui a déjà pris des mesures pour le coloniser, et a traité à cet effet avec plusieurs entrepreneurs de colonisation, sans que l'on ait fait pourtant jusqu'à présent aucune bien sérieuse tentative à ce sujet. Ce terrain tombé en déshérence, par suite de l'extinction des communautés, appartient naturellement au gouvernement. Il est vrai que quelques spéculateurs ont présenté à différentes reprises des titres de possession qui auraient été achetés à des chefs guaranis, vers 1823 ou 1824, à l'époque où l'on chercha à réorganiser le pays, mais ces titres n'ont qu'une valeur contestable. Le *Cabildo* indien seul, et encore en consultant toute la communauté, aurait pu faire légalement quelque concession.

Or, depuis 1817, il n'y a eu aucun groupe de Guaranis réuni dans ces bourgs, et les quelques-uns qui s'étaient établis au village de San-Roquito ne pouvaient représenter les anciens propriétaires de quinze grandes bourgades comme celles que l'on comptait jadis dans les Missions occidentales.

XII.

Missions orientales ou du Brésil. — Leur état actuel.

Ce territoire de 1,400 lieues carrées était compris entre l'Ibicuy au sud, les Sierras Do Erval et Do Tapé à l'est, l'Uruguay et ses forêts à l'ouest et au nord. De l'Ibicuy à l'Ijuhy, le pays offre une plaine découverte; au nord de cette dernière rivière commencent les forêts qui renferment une quantité considérable de *Yerba-Maté*, que l'on exploite aujourd'hui. — Le territoire, partout fertile et cultivable, est arrosé par quatre rivières secondaires assez importantes qui débouchent dans le fleuve Uruguay; ce sont: le Butuhy, l'Icabagua, le Piratini et l'Ijuhy. — Les sept bourgs existaient entre ces deux derniers cours d'eau. Le plus septentrional, San-Angel, était sur la lisière de la grande forêt vierge qui remplit tout l'espace compris entre l'Ijuhy et l'Uruguay; San-Borja est non loin de ce fleuve. De ces sept bourgades, qui au commencement de ce siècle renfermaient 16,600 âmes, selon Azara, une seule existe encore, c'est San-Borja, mais la vieille mission est transformée en ville moderne, et il n'y reste pas un Indien; les autres Réductions sont à peu près aussi ruinées que celles de l'autre rive.

SAN-BORJA est à une lieue du fleuve Uruguay, sur un plateau qui domine la campagne environnante. Cette mission a dû sa conservation au choix qu'en fit le général Chagas en 1817, pour son quartier général. Presque toutes les maisons des Indiens ont disparu et sont remplacées par des constructions modernes en briques, plus commodes et plus gaies. Il en reste cependant encore quelques-unes; leurs murailles construites en gros blocs de grès et de grauwacke ont plus d'un mètre d'épaisseur; les poutres des toits sont énormes; les fenêtres et les portes sont étroites et assez grossièrement travaillées. Le Collége est à peu près entier et sert de caserne à un bataillon de troupes brésiliennes qui gardent cette frontière. L'église, qui tombait en ruines, a été démolie, et sur son emplacement on en reconstruit une autre, plus petite, mais qui sera convenable. Malheureusement, la chaux manque à San-Borja, le sable est fort cher, la brique l'est également, et, faute de fonds provinciaux, les travaux ont été momentanément interrompus.

Avant 1852, époque de l'ouverture du fleuve Paraguay, conséquence de la chute de Rosas, le commerce de la république de ce nom se faisait par Itapua et San-Borja; mais aujourd'hui cette route est tout-à-fait abandonnée, et San-Borja est réduit à sa consommation locale et à celle du nord du canton dont il est le chef-lieu. La population est de 3,000 habitants, presque tous Brésiliens, et on n'y voit pas un Indien. M. Bompland a habité cette petite ville depuis 1829, date de sa sortie du Paraguay, jusqu'en 1853, époque à laquelle il vint occuper son estancia de Santa-Ana, à sept lieues au-dessous de la Restauracion, avec l'intention de la mettre en culture et d'y faire un grand établissement. C'est là qu'il est mort en mai 1858.

Nous n'avons pas visité le reste des Missions orientales, mais notre compatriote, M. l'abbé Gay, curé de San-Borja, nous a communiqué les renseignements suivants sur leur état actuel.

San-Angel est dans le voisinage des Yerbales qui sont exploités aujourd'hui par de nombreux ouvriers de toute nation. Il y a quelques habitants dans les ruines du bourg. Les murailles de l'église, qui était fort grande et fort belle, sont encore debout, le toit est enfoncé et la végétation envahit le chœur où restent cependant encore les autels.

San-Miguel est tout-à-fait en ruines; il n'y a pas un habitant, le bois couvre en partie la place et les maisons. L'église a été incendiée par la foudre, et il ne reste plus que la façade et ses murailles. Dans les environs il existe des plantations d'orangers, au milieu desquels vivent quelques habitants. San-Miguel avait beaucoup d'importance autrefois, c'était la capitale des Missions orientales; son église passait pour un chef-d'œuvre.

San-Juan est dans le même état que San-Miguel. Il avait été question d'y établir une colonie d'Allemands; ce projet n'a pas été réalisé.

San-Lorenzo a eu son église brûlée par un accident. Ce désastre a déterminé l'abandon du bourg. Il y reste cependant deux familles d'Indiens qui vivent dans une des maisons de la place. Le cloître du collége existe encore, mais cet édifice est devenu inhabitable par suite de la chute de la toiture. C'était d'ailleurs un bâtiment fort bien construit; la galerie était supportée par des colonnes et des statues grossièrement sculptées en grès. Dans une salle du collége dont le toit subsiste encore, on a déposé un Saint-Michel terrassant le Diable, groupe colossal en bois, d'un beau travail comme sculpture, morceau sauvé des ruines de l'église. On parle de le faire transporter à San-Borja; malheureusement il n'y a pas de charrette assez forte pour soutenir un pareil groupe, et l'absence de routes rend, sinon impossible, du moins très-difficile, le passage d'un char construit exprès pour son transport.

San-Nicolas s'élevait sur la rive droite du Rio-Piratini, à une courte distance de la rivière. Son église a été également brûlée par accident, et il n'en reste pas un vestige, tout s'est écroulé. Le cloître du collége est encore debout; il sert de *corral* ou enclos pour remiser les chevaux des passants. Presque toutes les maisons sont écroulées, à l'exception du cabildo ou maison de ville qui faisait face à l'église; mais il menace ruine. Sur la place, trois maisons sont habitées; en 1850, on en a construit une toute neuve sous la direction du capitaine de génie Martins; elle devait servir à la fois de bureau de direction des travaux et de dépôt pour les outils, car il s'agissait d'ouvrir une grande route le long de l'Uruguay. Les travaux ont été commencés, puis abandonnés, et l'entreprise en est restée là.

Les environs de San-Nicolas sont couverts de magnifiques orangers qui forment un grand bois. Dans cette espèce de forêt vivent une douzaine de familles indiennes. Il est impossible d'apercevoir de prime abord le sentier qui conduit à leurs cases, et nul ne penserait qu'il y a là des habitants. Mais le dimanche on voit sortir tout-à-coup en procession, du milieu des arbres, une cinquantaine de personnes qui se rendent dans l'édifice du cabildo où ces bonnes gens ont déposé toutes les statues et images qu'ils ont pu sauver des ruines de l'église et qui sert par conséquent de chapelle. Ils y font ainsi leurs dévotions.

SAN-LUIS DE GONZAGA est la mieux conservée de toutes les Missions orientales. Cependant elle est en mauvais état. La moitié de l'église s'est écroulée, à l'exception du chœur ; la toiture qui le recouvre encore va même s'effondrer au premier jour. Le grand autel existe, il est bon, très-curieusement sculpté et encastré dans la muraille du chevet de l'édifice, de telle façon qu'il faut à peu près tout mettre à bas pour l'extraire. Il est question d'enlever cette belle pièce pour la porter dans la nouvelle église de San-Borja. Malheureusement le travail à faire est considérable. Il faut démonter toutes les pièces, les charger sur des charrettes à bœufs et faire vingt lieues par d'abominables chemins. — Une des ailes du collège est encore en bon état ; les autres n'ont plus de toit, mais comme les quatre murailles subsistent encore, il ne serait pas difficile de les restaurer. La place est entourée d'une galerie dont les piliers en bois reposent sur des dés en pierre de taille d'une bonne coupe. La plupart des maisons ont été conservées, mais le toit leur manque.

Sept familles guaranies vivent encore à San-Luis. Comme à San-Nicolas, elles se réunissent le dimanche au Cabildo, encore debout et couvert, pour y prier devant quelques statues pieuses qu'elles y ont abritées.

En résumé le territoire de ces six dernières Missions est à peu près désert. Ces bourgs, ne se trouvant pas sur le trajet des voies commerciales ni à proximité des centres industriels de la province, n'ont pu se relever de la razzia qu'y fit Rivera en 1828. La forêt les envahit chaque jour.

XIII.

Missions du Paraguay. — Leur état actuel

Sur les onze Missions créées par les Jésuites dans le Paraguay, huit étaient entre l'Estero de Neembucu, grands marécages analogues à ceux de la lagune Ibera, à l'ouest ; le Rio-Tébicuary, au nord ; les forêts vierges de la Cordillère, au nord-est ; le Parana, à l'est et au sud. — Ces huit Missions constituaient deux groupes : celui du Parana, composé de Jesus, Trinidad, Itapua et San-Cosme ; celui du centre, formé de Santiago, San-Ignacio-Guazu, Santa-Rosa et Santa-Maria-de-Fé. — Les trois Missions au nord, nommées aussi Missions de Taruma, étaient, comme nous l'avons déjà dit, fort éloignées les unes des autres et créées dans le but de se mettre en relation plus facile avec celles de Chiquitos et de Moxos, situées au nord-nord-est, de l'autre côté du tropique et du Rio-Paraguay.

L'aspect du territoire des Missions du Paraguay est magnifique : c'est un pays coupé de plaines, de collines boisées, sillonné de nombreux et abondants ruisseaux, et susceptible de toutes les cultures. Il a aujourd'hui une population supérieure à celle qui existait du temps des Pères de la Compagnie, beaucoup de Paraguayens étant venus s'y fixer. La province produit maintenant du maïs, du blé, de la canne à sucre, du tabac, du manioc, etc., etc. Le bétail s'y élève assez bien, et les forêts renferment de magnifiques bois de teinture et de construction. Les *yerbales* sont abondants, surtout en se rapprochant de la Cordillère centrale.

Jesus ne renferme aujourd'hui pas plus de 300 habitants, tous Indiens, moins le majordome. Cette Mission est sur la lisière des bois vierges qui s'étendent indéfiniment au nord, entre la Cordillère et le Parana. L'église, assez belle, est en bon état, ainsi que le collége, que le gouvernement a fait réparer; mais les maisons, abandonnées aux soins des habitants, commencent à tomber en ruines. Les Jésuites avaient commencé la construction d'une nouvelle église très-vaste, à un quart de lieue de Jesus. Les travaux en sont restés au point où ils étaient au moment de l'expulsion des Pères. Les murailles, épaisses et solides, sont debout; mais une grande quantité d'arbres ont pris racine dans l'enceinte et jetteront bientôt à bas cette grande construction. Jesus est à cinq lieues du Parana; un bon chemin conduit à son port, où il n'y a que quelques chaumières habitées par une tribu d'Indiens Guayanas à moitié sauvages. — Le port de Corpus est à une demi-lieue plus haut, sur l'autre rive.

Trinidad est à trois lieues de Jesus et à sept nord-est d'Itapua. — Sa population est un peu plus considérable, et il y a moins de bois aux environs. On y cultive un peu de blé, comme à Jesus. L'église n'a rien de remarquable que sa tour, assez élevée, et renfermant de bonnes cloches qui ont été fondues à Apostoles; elle est bien entretenue. Le collége est également en bon état; mais les maisons des habitants commencent à tomber en ruines. Les Guaranis aiment mieux se construire des chaumières dans les environs que de les réparer.

Il n'y a d'autres blancs, dans ces deux extrèmes Missions, que les majordomes et leurs familles. La fonction de ces majordomes ou directeurs consiste à surveiller l'entretien de l'église et du collége, et surtout celui des outils, qui appartiennent au gouvernement et sont déposés dans un magasin particulier. Quant aux Indiens, ils sont à peu près abandonnés à eux-mêmes.

Les alentours de Jesus et de Trinidad sont très-boisés, et il y a beaucoup d'arbres à yerba-maté. Les orangers y croissent partout à l'état sauvage, sans compter ceux qui sont cultivés dans les jardins.

Itapua, sur le Parana même, est devenue une sorte de ville de guerre; beaucoup des anciens bâtiments ont disparu. Le collége est en bon état et sert de caserne. Le cabildo, ou ancienne maison de ville, est réparé et reste consacré à la douane; on l'emploie aussi comme salle de danse pour les bals populaires que donne quelquefois le commandant de place. — L'église, qui était magnifique, a été démolie en 1848, sur le rapport d'un commandant inepte et brutal qui, voyant fléchir les piliers en bois figurant des colonnes torses qui supportaient la toiture, crut que l'église allait venir à bas, alors que rien n'était plus facile que de les réparer, comme on l'a fait à San-Ignacio-Guazu et à Santa-Maria-de-Fé. — Les fidèles se distribuèrent les statues; on transporta l'autel dans une très-petite chapelle, qui ne contient pas un quart de la population, et ce bel édifice fut démoli. L'emplacement où il s'élevait est maintenant un champ couvert de pierres et attriste la vue. Quant aux maisons bâties jadis par les Indiens, elles existent encore presque toutes, et sont louées au profit du gouvernement, qui possède naturellement tout le territoire. Les environs d'Itapua sont superbes. La Mission étant bâtie sur une colline, on aperçoit le majestueux Parana, pareil à un grand lac semé de petites îles, qui va se perdre à l'horizon. Le pays est coupé d'une foule de ruisseaux, de jolies collines couronnées de bois et séparées par de grasses vallées. Le terrain n'est pas très-propre à l'éducation du bétail, car le pâturage n'y est pas assez salin, mais il est excellent pour l'agriculture. Le riz, le maïs, le manioc, la canne à sucre et surtout le tabac y sont cultivés. La population travaillerait beaucoup si elle pouvait avoir l'écoulement de ses produits.

Depuis 1848, les Guaranis qui habitaient Itapua ont été transportés au Carmen, village que l'on a formé exprès pour eux, à huit lieues de là, non loin du fleuve. C'est une sorte de grande ferme, de la forme carrée ordinaire aux Missions; mais il n'y a de bien bâti que le logement du majordome. Sa population est de 800 âmes. Le terrain accordé à ces Indiens est fertile et sain; mais ils le cultivent peu, et les chaumières qu'ils se sont bâties dans leurs petites propriétés sont assez misérables. Il faut dire que, malgré cela, ils ne paraissent point regretter Itapua.

Ce dernier bourg, en effet, depuis que l'ouverture du fleuve Paraguay, voie plus courte et plus économique, a fait interrompre naturellement le commerce par San-Borja, a perdu presque toute son importance aujourd'hui. Il n'y a aucune espèce d'affaires, et la population vit uniquement de la culture de ses champs, culture réduite aux stricts besoins de la localité. Sous Francia, comme ce point était, avec Neembucu, le seul port où l'on pût commercer, c'était une petite ville florissante. — Nous avons été forcé d'y séjourner un mois, et, malgré la beauté du pays et des environs, l'excellente hospitalité des braves gens qui nous avaient accueilli, Itapua est un triste séjour au point de vue du bien-être.

En longeant la côte du Parana, on trouve San-Cosme, bâti sur une haute colline, à un quart de lieue du fleuve. L'église, qui n'a rien d'extraordinaire, et le collége sont bien conservés. La population de ce bourg est presque exclusivement composée d'Indiens qui vivent comme ceux du Carmen. On y cultive principalement la canne à sucre, qui est là d'un très-bon rendement. Indépendamment de la mélasse employée à la distillation, on y fait un sucre jaune assez grossier, mais jusqu'à présent le seul que l'on fabrique dans tout le Paraguay; car le jus de la canne à sucre est partout consommé sur les lieux en guise de sirop, ou employé pour faire de l'eau-de-vie (caña).

De San-Cosme, une route qui longe le grand estero de Neembucu, bas-fond marécageux analogue à la lagune Ibera, conduit à Santiago, qui, outre ses Guaranis, renferme quantité de blancs et de métis. La population est donc relativement considérable, et, comme le terrain est bon pour l'éducation du bétail, il y a un assez grand nombre d'estancias. Néanmoins la majorité des habitants s'occupe d'agriculture. L'église et le collége sont bien entretenus; mais une foule de maisons sont à moitié ruinées. Dans le grès rouge qui forme l'ossature des collines de Santiago, on a trouvé des traces de mercure à l'état de cinabre et à l'état natif. Des échantillons ont été envoyés au gouvernement, qui ne s'est point encore occupé de cette découverte.

Lorsque du Carmen on se dirige tout droit sur le groupe de Santa-Rosa, San-Ignacio-Guazu et Santa-Maria-de-Fé, on traverse de vastes plaines semées de bouquets de bois de haute futaie et arrosées par l'Aguapey et le Cuzumiay, ruisseaux qui débordent aux moindres pluies et couvrent alors de vastes espaces. Ces prairies sont exclusivement consacrées à l'élève du bétail. Dans les chaleurs de l'été, le mirage s'y produit avec la plus grande facilité, et nous avons été pendant deux jours témoin de ce phénomène, qui nous faisait voir à l'horizon de grands lacs du milieu desquels s'élevaient de hautes îles couvertes de bois. Nous avons retrouvé, quatre mois plus tard, le même phénomène dans les plaines si parfaitement horizontales de Corrientes, entre les rivières de Santa-Lucia et San-Lorenzo.

À l'ancienne estancia de San-Ramon, dépendant de la Mission de Santa-Rosa, le terrain se relève et forme une suite de collines généralement boisées, dont les flancs sont couverts çà et là de maisons isolées. Les habitants de ces chaumières se livrent à l'agriculture. — San-Ramon a encore quelques bâtiments en bon état et un petit oratoire. Il est situé à six lieues de Santa-Rosa.

Après les jolies lagunes de Tambory, endroit très-pittoresque, on pénètre dans de vastes champs de palmiers abandonnés au bétail et qui croissent sur des dunes sablonneuses, mais fertiles, et bientôt on aperçoit à l'horizon les bâtiments de la Mission de SANTA-ROSA.

À distance, avec ses grands toits rouges formés de tuiles creuses, son église qui domine le reste des bâtiments, mais qui n'a point de clocher, on dirait une grande ferme de la Beauce ou de la Brie, si les palmiers qui s'élèvent de toutes parts ne rappelaient un autre sol et un autre climat. — Santa Rosa est agréablement située sur une colline ornée d'une végétation splendide : un joli ruisseau roule à ses pieds ses eaux claires sur un lit de sable ; les arbres qui l'entourent sont couverts de plantes parasites, la plupart appartenant à la famille des orchidées, dont la forme et le port produisent le plus étrange effet. — Ce bourg est assez populeux ; mais la majorité de la population se compose aujourd'hui de blancs et de métis ; les Indiens y sont maintenant en minorité, et, comme dans toutes les Missions du Paraguay, ils abandonnent les maisons anciennes dont le gouvernement exigeait un loyer, et se sont construits des chaumières dans les environs. Quant à l'état actuel des constructions, la place est entourée partout de maisons basses mais en bon état ; le collège est bien entretenu ; il s'appuie sur l'église, qui est réellement un morceau fort remarquable.

Cet édifice est bâti en pierres et en bois, c'est-à-dire que les murailles sont en gros blocs de grès rouge superposés et sans ciment, et que la toiture lambrissée, les colonnes accouplées qui la supportent, le porche en forme de conque, sont formés de pièces énormes de charpente parfaitement travaillées. La longueur totale de l'édifice est de 60 mètres ; en entrant, on est vraiment ébloui de la richesse et du nombre des ornements qu'il renferme. Le chœur est, de haut en bas, couvert de statues de saints en bois sculpté ; un saint Michel terrassant le diable couronne l'architrave du maître-autel ; la coupole, sculptée et peinte rouge et or, a, dans ses quatre pendentifs, une niche contenant la statue d'un pape. Les douze colonnes accouplées qui soutiennent la nef, de chaque côté, ont dans leur entre-colonnement la statue d'un apôtre de grandeur naturelle ; les sept chapelles latérales ne sont ni moins riches ni moins ornées. Quatre confessionnaux, très-artistement sculptés et peints, sont placés entre ces chapelles. Le baptistère est dans un petit sanctuaire accolé aux parois de l'église ; il est orné d'un groupe de bois représentant le baptême de Jésus-Christ. La sacristie, placée au chevet de l'église, est également décorée d'un autel surchargé de sculptures, enfin les vastes armoires accolées aux parois sont encore richement sculptées. Une fontaine en marbre, malheureusement brisée par accident et imparfaitement restaurée, verse de l'eau dans une grande aiguière d'argent, seul reste de toutes les anciennes richesses de cette magnifique église. La conque du porche est également lambrissée d'ornements sculptés et peints, mais les couleurs ont en partie disparu.

A vingt pas de l'église, à l'est, un petit bâtiment carré, encore en excellent état de conservation, renferme la chapelle de Notre-Dame-de-Lorette. Les anciennes peintures murales, dégradées par l'humidité, ont été remplacées par de grossiers dessins, œuvre de quelque Indien, peintre en bâtiments, qui représentent la légende de la mystérieuse maison de Nazareth. En revanche, un bon nombre de cadres présentent des peintures sur cuivre d'une bonne facture, offrant divers sujets pieux, et une collection de portraits des plus fameux Jésuites. Ces peintures nous paraissent d'origine italienne.

Dans l'axe de l'église, mais à 500 mètres au nord et faisant face à son portail, existe encore une grande chapelle dédiée à San Isidro, laboureur. Elle est presque en ruines et ne renferme qu'un autel en très-mauvais état, des statues grossières et des peintures plus grossières encore. Le plus bel ornement de cet édifice consiste dans les magnifiques palmiers qui l'entourent et dans les énormes orangers qui forment l'avenue conduisant à la place. Tout autour de ces bâtiments, orangers, palmiers, goyaviers, etc., etc., forment un bois touffu, au-delà duquel on aperçoit quelques cases d'Indiens, et les collines pittoresques des environs.

Attenant à l'église et proche du grand portique d'entrée du collége que l'on répare en ce moment, s'élève une tour carrée en pierre d'un dessin très-simple qui n'a jamais été finie, mais que le gouvernement paraguayen veut faire terminer pour y placer les cloches. Le collége, ancienne demeure des missionnaires, est intact et sert de logement au curé et au majordome. C'est un très-grand bâtiment carré dont l'église forme un des côtés. Le jardin n'existe plus; on a laissé périr les arbres faute de soins, et les murailles qui le protégeaient sont tombées sans qu'on ait songé à les relever.

Quant aux richesses de l'église, elles ont disparu : d'abord en 1810, puis sous Francia; enfin, en 1848, sous M. Lopez, presque tous les ustensiles d'argent qui restaient encore ont été enlevés. De toute son ancienne splendeur, il ne lui est resté que la grande aiguière de la sacristie.

Malgré les soins que prend le gouvernement de cette magnifique église, on peut la considérer comme ne pouvant durer encore bien longtemps : construites sans ciment, les murailles se lézardent, les poutres du toit pourrissent quoiqu'elles n'aient encore qu'un peu plus d'un siècle et demi (Santa Rosa fut fondée en 1698); les lambris, formés de bois d'Urundey, se fendillent, se piquent et pourrissent avec le temps. L'édifice peut durer encore une cinquantaine d'années, mais nous doutons qu'il puisse aller plus loin, à moins d'une restauration générale équivalant presque à une reconstruction. L'église de Santa Rosa est incontestablement le plus beau spécimen des constructions jésuitiques dans toutes les Missions. Certes, au point de vue de l'art, il y a beaucoup à dire; les statues sont assez grossières, les ornements ne témoignent pas d'un goût bien pur, mais l'ensemble est réellement magnifique; et quand on songe avec quels éléments, dans quel pays et à quelle distance de l'Europe, les pères de la Compagnie de Jésus ont accompli de pareilles merveilles, on reste réellement confondu.

Nous devons ajouter que dans toutes ces statues nous n'avons vu ni membres ni yeux mobiles, ni rien qui pût favoriser ces jongleries que quelques voyageurs peu attentifs ont prêtées aux directeurs des Réductions. Partout les images pieuses sont peintes de vives couleurs et peuvent quelquefois de loin faire illusion, mais c'est tout. D'ailleurs, tous ceux qui ont voyagé dans les pays espagnols savent que les statues des églises sont toujours peintes et le plus souvent habillées ; par conséquent, dans l'ornementation des édifices religieux qui leur appartenaient, les Jésuites n'ont fait que suivre la tradition castillane.

Les Indiens de Santa Rosa sont peu nombreux ; en revanche, les autres habitants augmentent tous les jours. On y cultive principalement la canne à sucre et le tabac ; il y a un certain commerce, et si le régime économique suivi par le gouvernement était plus libéral, il régnerait dans ce bourg une aisance générale.

SAN IGNACIO-GUAZU est à 5 lieues sud-ouest de Santa Rosa. Le chemin qui conduit à cette Mission est délicieux ; il serpente à travers des vallées ombreuses, sillonnées de ruisseaux aux eaux claires et bordées de collines plantées de palmiers au penchant desquelles il y a quelques cultures ; il est difficile de voir un pays plus agréable et plus séduisant. San Ignacio-Guazu, ou, par abréviation, San Igna-Gua, quoique la plus ancienne des Missions jésuitiques du Paraguay, est cependant la mieux conservée et renferme une assez nombreuse population d'Indiens, de métis et de blancs. Les Indiens, comme d'habitude depuis ce que l'on a appelé leur émancipation, habitent aux environs. San Igna-Gua a trois carrés de maisons (*manzanas*), restes de l'ancienne Mission. Le collège et l'église sont sur la place, laquelle, à ses quatre angles, est ornée d'une croix entourée de palmiers. Le collège est vaste, d'une belle construction et en excellent état, sauf le jardin qui n'existe plus.

L'église est plus grande que celle de Santa-Rosa, mais moins ornée ; son portique a perdu ses anciennes peintures qui ont été remplacées par des fresques grossières ; le chœur est orné de sculptures et de statues, et toute la paroi du fond est dorée et d'un fort bel effet. Toutefois ces ornements n'ont ni la richesse ni la perfection de ceux de Santa Rosa. Des cadres en bois enfoncés dans le sol signalent les tombes dont l'église est pavée. Une énorme lampe en bois sculpté pend de la voûte et éclaire le chœur ; elle remplace une autre lampe en argent massif du même modèle qui a été enlevée en 1848. Ce beau bâtiment a été nouvellement restauré ; les colonnes qui soutenaient le toit ont été remplacées par des piliers de bois portant sur de forts dés en maçonnerie, et l'édifice entier est d'une bonne conservation. Le cimetière, comme celui de Santa Rosa, laisse beaucoup à désirer sous le rapport de l'installation ; aucun d'eux n'a l'élégance ni la tenue mélancolique du cimetière de la pauvre bourgade ruinée de La Cruz.

A trois lieues nord de San Igna-Gua, s'élève la Mission de SANTA-MARIA-DE-FÉ ; a route, qui est fort belle, passe sur une colline d'où l'on aperçoit à la fois les trois Missions. — Santa Maria est moins étendue et moins peuplée que les deux Missions précédentes, et ne renferme presque que des Indiens ; l'église, moyennement grande et ornée, a son péristyle planté de dattiers qui font un effet tout-à-fait étrange, et de ce portique la vue s'étend sur une croupe boisée où M. Bompland était établi pendant sa captivité et où il avait un yerbal artificiel. Depuis son départ, en 1829, les bois ont envahi ses cultures.

Quoique Santa Maria soit sous le 26e degré, on y cultive le blé, mais le rendement de cette céréale est très-inégal, et le majordome nous déclara même qu'il était tenté de renoncer à cette culture qui ne donnait aucun bénéfice. — Le collége et l'église sont fort propres, quoique sans luxe, et convenablement entretenus ; la bourgade se réduit au carré de maisons qui forment la place. Là tout respire le calme et la tranquillité la plus profonde; les Indiens y paraissent plus à leur aise que dans les autres Missions. Le pays est sablonneux comme à Santa Rosa et San Igna-Gua, mais il n'en est pas moins fertile.

De Santa-Maria-de-Fé au Rio-Tebicuary, limite nord du territoire des Missions, il y a dix lieues; cette partie du pays est spécialement consacrée à l'éducation du bétail. — Quant aux trois Missions du nord: SAN JOAQUIM, SAN ESTANISLAO, et BELEM, dernières fondations des pères de la Compagnie, nous ne les avons point visitées. Il paraît que le nombre des Indiens y est fort peu considérable et qu'elles sont habitées presque exclusivement par des blancs. Nous savons déjà qu'elles avaient été établies par les Jésuites peu de temps avant leur chute, afin de se mettre en rapport avec leurs Missions de Moxos et de Chiquitos.

XIV.

Missions de Moxos et de Chiquitos. — Conclusion.

Ces dernières Missions, qui font partie de la Bolivie, sont les seules qui existent encore avec l'ancien régime de la communauté. Elles sont gouvernées par des pères Franciscains et ne renferment presque que des Indiens. Nous tenons ces détails du père Benito Escarria, franciscain, aujourd'hui curé de la ville de Goya, province de Corrientes, qui les a visitées en 1850. — Quoique bien déchues de leur ancienne splendeur, qui, du reste, n'a jamais égalé celle des Missions du Parana et de l'Uruguay, elles offrent encore aujourd'hui, presque sous tous les points de vue, le régime ancien. Malheureusement, la direction n'étant plus la même, les églises, les colléges et les maisons se dégradent chaque jour davantage, sont mal réparées, ou même ne le sont pas du tout. On cite cependant l'église du bourg de Santa-Ana comme un beau morceau d'architecture. Le gouvernement bolivien abandonne complétement ces établissements à la direction des missionnaires, de sorte que ces deux provinces forment en quelque sorte un gouvernement à part. La population y est assez nombreuse, mais elle n'augmente point; elle est frappée de cette sorte d'immobilité, sinon de stérilité, qui caractérise presque partout la race guaranie. — Dans son grand ouvrage sur la Plata et la Bolivie, M. Alcide d'Orbigny fait la description de ces Missions, qu'il parcourut en 1832. Un autre voyageur français, M. de Castelnau, les a également visitées en 1845. Les Guaranis de cette région paraissent avoir un caractère moins sombre et moins taciturne que ceux des rives du Parana et de l'Uruguay.

Ces Missions sont au nombre de dix. Elles ont été fondées presque toutes dans l'espace de vingt années, de 1691 à 1722. Voici leur nomenclature, avec la chronologie de leur fondation et le nom des tribus indiennes qui en fournirent les habitants.

1691. — SAINT-FRANÇOIS-XAVIER (*San-Javier*). — Formée avec des Indiens Chiquitos, Pinocas et Panoquis.

1694. — Saint-Raphael archange (*San-Rafael*). — Composée de Taus, Pirocas et Guarayos.

1699. — Saint-Joseph (*San-José*). — Peuplée avec des Boxos, des Teotas et des Penotas.

1699. — Saint-Jean-Baptiste (*San-Juan-Bautista*). — Formée avec des Indiens Morotacas. Cette Mission fut abandonnée presque aussitôt qu'établie. On la rebâtit en 1706 dans une excellente localité, où elle resta jusqu'en 1780, époque à laquelle on la reporta dix-huit lieues plus loin à l'est, sous prétexte du manque d'eau.

1704. — Saint-Michel (*San-Miguel*). — Indiens Paroxis, Tapacaras et Mañacicas.

1705. — Sainte-Anne (*Santa-Ana*). — Indiens Chiquitos, Guaracoracas, Curuminacas, Coravecas, Saravecas.

1707. — Saint-Ignace du nord (*San-Ignacio del norte*). — Indiens Sanepicas, Quehusiquis, Guarayoquas, Samanecas, Picocas.

1707. — La Conception (*Concepcion*). — Indiens Quetemocas, Napecas, Paiconecas, Mococas.

1710. — Saint-Jacques de Chiquitos (*Santiago de Chiquitos*). — Indiens Guaranocas et Tapies.

1717. — Le Saint-Coeur-de-Jésus (*Santo-Corazon*). — Composée d'Indiens Zamuecos, Potureros, Morotacas, Otuquis, etc. Établie d'abord près des marais communiquant avec le Rio-Paraguay, elle a été reportée, quelque temps après sa fondation, à vingt lieues au nord de son premier emplacement.

La Mission de *San-Ignacio de Zamucos*, fondée en 1722, la plus australe de toutes, a été abandonnée en 1769, après l'expulsion des Pères de la Compagnie. On ignore à peu près aujourd'hui l'endroit où elle était située.

Voilà donc où en sont aujourd'hui des établissements qui ont donné lieu à des jugements si divers, et dont la célébrité ancienne n'a été égalée que par l'oubli profond où ils sont tombés de nos jours. — Voyageur dans ces contrées si peu connues, nous avons voulu dire, sans exagération comme sans crainte, ce qu'avaient été les Missions, et ce qu'elles sont devenues depuis qu'elles ont été enlevées violemment aux mains de leurs fondateurs. Certes ce n'est point dans un pays où presque partout on rencontre les traces des ouvrages accomplis par la main intelligente et bienfaitrice de la Compagnie de Jésus, que l'on peut se refuser à l'évidence, et ne pas estimer à sa valeur tout ce que cet Ordre avait fait de bon et de grand dans l'Amérique du Sud. — En effet, le souvenir de ses Pères y est partout, dans les régions peuplées par les Portugais comme dans celles colonisées par les Espagnols. On leur doit la civilisation de nombreuses tribus d'Indiens, l'éducation de la jeunesse créole, la géographie d'une portion du continent qu'ils ont remplie de leurs établissements utiles. A quelques événements que leur influence ait été mêlée en Europe, et quel que soit le jugement que l'on ait cru devoir porter sur elle, on peut affirmer que, dans ces contrées, cette influence a toujours été salutaire et bienfaisante. Nous pouvons en juger par leurs Missions.

Quant au régime étrange que l'on suivait dans ces établissements, à ce communisme tant critiqué, avec un semblant de raison peut-être, la meilleure preuve qu'il convenait aux Indiens, c'est que les successeurs des Jésuites se virent forcés de le continuer presque jusqu'à l'époque actuelle, et que sa destruction, non préparée par des mesures intelligentes et paternelles, n'a eu d'autres résultats que de jeter les Indiens dans la misère. — A l'heure qu'il est, leurs derniers héritiers regrettent amèrement ce régime, imparfait sans doute, mais si bien approprié à leurs instincts et à leurs mœurs.

Croit-on qu'à l'époque où nous sommes, après l'émancipation des colonies espagnoles et portugaises, avec l'affluence de l'immigration étrangère vers ces plages, les Jésuites, si distingués par leur intelligence pratique, eussent continué l'isolement et la communauté, alors que la civilisation moderne, avec ses besoins et ses instincts, débordait dans le bassin de la Plata? — Ils auraient, sans nul doute, au moment venu, préparé leurs néophytes à la propriété, à la liberté, et les auraient amenés graduellement à la civilisation, à la fusion avec la race européenne qui les aurait modifiés d'abord, puis absorbés sans les détruire. Nul homme de sens ne peut faire à cette Compagnie, si remarquable par la netteté de ses plans et la suite de ses idées, l'injure de croire qu'elle ait voulu ériger le régime communautaire des Réductions guaranies en système permanent applicable à tous et partout. — Ainsi que nous avons pu le voir, si les Indiens étaient considérés par les Jésuites comme de grands enfants, ils les aimaient au moins, les soignaient et les traitaient comme tels; mais les enfants arrivent à l'âge d'homme et les nations grandissent comme eux. L'époque de la virilité serait arrivée pour les Guaranis, et leurs directeurs auraient su les conduire dans cette nouvelle phase de leur développement.

Résumé chronologique de l'histoire des Missions dans le bassin de la Plata.

Le fait de l'établissement des Missions chez les Indigènes de l'Amérique du Sud, et principalement du bassin de la Plata, a une souveraine importance au point de vue de la civilisation des Indiens, dont les métis forment aujourd'hui le fond des populations de la campagne. Aussi jugeons-nous indispensable d'en présenter ici chronologiquement, le résumé d'une histoire dont tous les détails, surtout ceux qui tiennent à ses origines, n'ont pu entrer dans le travail précédent.

1536. — Juan de Ayolas jette les fondements de la ville de l'Assomption, première capitale des établissements espagnols dans le Rio de la Plata. — Conquête du pays, soumission des Indiens Guaranis qui l'habitent.

1541. — Alvar-Nuñez-Cabeza-de-Vaca, envoyé comme gouverneur des nouveaux pays découverts, part de l'île Sainte-Cathërine et traverse directement la contrée de l'Est à l'Ouest jusqu'au Rio-Parana. Les deux missionnaires franciscains qui l'escortent, Fray Bernardino de Armenta et Fray Alonzo Lebron, prêchent l'évangile aux Indiens de cette région qui est nommée province de Vera.

1545. — Domingo de Irala, succède à Alvar Nuñez déposé dans une sédition, et conduit, en 1548, une expédition dans le haut Paraguay qu'il remonte jusqu'aux grands lacs et passe au Pérou.

1549. — Des missionnaires Jésuites viennent au Brésil alors nommé terre de Santa-Cruz, sur l'escadre portugaise de D. Tomas de Soza, et débarquent dans la baie de Tous-les-Saints où fut bâtie depuis la ville de San Salvador ou Bahia. Ils commencent à évangéliser les Indiens de ces régions. Travaux apostoliques de l'illustre père José de Anchieta.

1554. — Expédition d'Irala dans la province de La Guayra, de l'autre côté du Rio-Parana et à l'ouest de l'Assomption. — Réduction des Indiens. — Fondation d'un grand nombre de villages composés soit d'*Yanaconas*, soit de *Mitayos*. — Fondation de la ville d'Ontiveros sur la rive gauche du Parana à quelque distance au-dessus du *Salto-Grande de Maracayu*.

Cette même année les Portugais partent du port de San-Vicente sur la côte du Brésil, et vont fonder dans l'intérieur, la ville de São-Paulo de Piratininga, qui devint le siége de la république des Paulistes, et le séjour des Mamelucos.

1557. — Mort d'Irala. — Melgarejo fonde la ville de *Ciudad-Real*, à trois lieues au-dessus de celle d'Ontiveros et y transporte les habitants de cette dernière.

1567. — Les Jésuites érigent le Pérou en province de leur ordre et commencent à établir des Missions chez les Indiens, sur une foule de points de l'Amérique du Sud.

1577. — Fondation de la ville de *Villa-rica del Espiritu Santo*, proche du Parana, transportée un an après, sur le Rio-Huybay, en face de l'embouchure du Curumbaty. — Les missionnaires prétendent que ce canton ne renfermait pas moins de 300,000 Indiens, réduits, un demi siècle plus tard, à 50,000, par suite des persécutions des Commandeurs et des Mamelucos.

1579. — Melgarejo fonde la ville de Santiago de Xérès dans les plaines de ce nom, sur les bords du Rio-Mboteley, par 19° environ de latitude, au milieu des Indiens Itatinés. Cette contrée a souvent à combattre les Guatos et les Guanchas.

1580. — Saint François Solano, religieux franciscain, après avoir prêché l'évangile aux Indiens du Pérou, vient au Paraguay, avec plusieurs missionnaires de son ordre, parmi lesquels les pères Luïs Bolaños et Alonzo de San-Buenaventura. Ces missionnaires fondent aux environs de l'Assomption des réductions dont plusieurs ont existé jusqu'en 1848, telles que, Ita, Yaguaron, Tabapy, Caâzapa, Yuti. — Le père Bolaños, après la fondation de Corrientes en 1588, établit la mission d'Itati sur le Parana à 18 lieues est de cette ville. — Travaux apostoliques de cet homme de bien dans toute la contrée. — Le père Solano retourne ensuite dans le Tucuman et évangélise les Indiens de la Rioja et de Santiago-del-Estero où il meurt. — Bolaños reste dans la province de Corrientes, et va mourir plein de jours à Buenos-Ayres, dans le couvent de son ordre. — On doit au père Bolaños la première grammaire et le premier catéchisme guaranis qui ait été publiés. — Les missionnaires franciscains continuent à évangéliser les Indiens du Paraguay, mais leurs missions, plus rapprochées des villes espagnoles, fixent moins l'attention que celles créées depuis par les Jésuites.

1585. — Fondation de la *Concepcion-del-Vermejo*, sur la rivière de ce nom, par Alonzo de Vera y Aragon, malgré la résistance des Abipons, des Frentons, des Magosnas et autres Indiens du Chaco. — On y envoie des missionnaires qui critiquent vivement le système des commanderies (*encomiendas*) établis par les conquérants.

1586. — Les pères Angulo, Barzana, Gutierrez et Villegas viennent du Pérou au Tucuman, appelés par l'évêque Victoria. Ils y prêchent l'évangile aux Indiens.

1588. — Fondation de la ville de Corrientes. — Grande et meurtrière épidémie d'angine scarlatineuse dans toute l'Amérique du sud ; elle fait surtout du ravage parmi les Indiens. — Les Jésuites vont du Tucuman au Paraguay.

1589. — Les pères Manuel Ortega et Tomas Filde sont envoyés à la province de la Guayra et visitent d'abord les villes de Ciudad-real, Villa-rica et Santiagode Xérès, où ils instruisent les Espagnols et baptisent un grand nombre d'Indiens. — Ils fondent les missions temporaires de *San-Salvador* et *Santa-Maria-Magdalena*.

1593. — Les habitants de la ville d'Espiritu-Santo appellent les missionnaires Jésuites et leur contruisent un couvent. — Cette même année le service général des Missions est organisé sous la direction du père Romero, supérieur général, avec résidence dans le Tucuman. — Les pères Barzana, Lorenzana et Saloni sont envoyés de Tucuman à l'Assomption, alors capitale des établissements espagnols de la Plata. — Les pères Añasco, Monroy et le frère Toledano sont dirigés sur le Rio de Jujuy, pour convertir les Humaguacas, et les Indiens de Salta et de San-Miguel de Tucuman. — Angulo, Viana et Villegas vont à Santiago-del-Estero, alors chef-lieu du pouvoir ecclésiastique dans le Tucuman.

1594. — Le père Romero vient lui-même fonder une maison de l'ordre à l'Assomption et visite Corrientes, Santa-Fé, les rives du Rio-Parana.

1596. — Fondation d'une maison à Salta par le père Romero.

1599. — Fondation de la maison de Cordova qui devient le grand collége et l'université. — Les pères Barzana, Lorenzana et Saloni évangélisent les tribus indiennes du haut Paraguay. — Ils visitent les Indiens du Chaco, jusque près de Santa Cruz de la Sierra, reviennent par le territoire des Itatins, et passent enfin aux Missions de La Guayra où ils se réunissent à Ortega et à Filde, qui y étaient depuis plusieurs années.

1606. — Fondation de la province jésuitique du Rio-de-la-Plata, par ordre de leur général Claudio Aquaviva, qui met à sa tête comme provincial, le père Diego de Torres-Bollo.

A cette époque, les jésuites Ortega et Villagran essayent de fonder des réductions parmi les Chiriguanos (1601-1602). Ils ne peuvent y réussir. Les religieux franciscains qui leur succèdent ne sont pas plus heureux. Plusieurs missionnaires sont massacrés par les Indiens.

Par cédule royale, Philippe III autorise les Jésuites à établir des Missions, en dehors de l'autorité de l'Assomption, dans les terres exclusivement occupées par les Indiens. — Huit pères Jésuites sont directement envoyés d'Espagne à Buenos-Ayres où ils établissent une maison de leur ordre.

Les pères Simon Mazeta et Jose Cataldino vont à la province de La Guayra et sont suivis, l'année d'après, par les pères Lorenzana et Francisco de San-Martin, appelés par les sollicitations d'Arapizandu, cacique principal des bords du Haut-Uruguay. — Ils prêchent d'abord l'évangile chez les Indiens habitant entre le Tebicuary et le Rio-Parana et fondent la mission de San-Ignacio-Guazu, puis ils passent le fleuve et vont chez les Guaranis riverains de l'Uruguay.

Les pères franciscains Solano et Bolaños fondent les réductions de Yuti et de Caazapa.

1610. — Les justes plaintes des Indiens contre les commandeurs espagnols, plaintes dont les missionnaires s'étaient fait l'écho, déterminent le cabinet de Madrid à envoyer D. Francisco Alfaro, auditeur de l'audience royale de Charcas, avec pleins pouvoirs pour visiter les commanderies, et introduire les changements qu'il croirait utiles dans leur régime. — En 1612, Alfaro rend les ordonnances connues sous son nom, lesquelles abolissent en principe le système des *encomiendas* (commanderies). — Cependant ces ordonnances ne reçoivent qu'une exécution incomplète.

L'opposition des Jésuites au système des commanderies, leurs réclamations constantes en faveur des Indiens, excitent l'animadversion et la haine des colons espagnols contre eux et les luttes, qu'il y eut si souvent depuis, entre cet ordre et les autorités de l'Assomption. — Les colons ne voyaient dans les Indiens que des serviteurs dont le travail devait les faire vivre. Les missionnaires demandaient pour leurs ouailles l'indépendance civile. Ils furent à ce point de vue constamment appuyés par le cabinet de Madrid.

1611. — De nouveaux missionnaires se rendent dans la province de la Guayra par le Rio-Jesui, le port de Maracayu dans le haut de cette rivière et le Parana. — Ils prêchent l'évangile chez les Tayaobas, les Ybirayas, les Cabelludos, etc., etc., dont on évalue le nombre à 300,000, calcul évidemment exagéré. — C'est dans cette année et les suivantes que sont fondées les Missions de la Guayra proprement dite, parmi lesquelles : Nuestra-Señora de Loreto sur le Rio-Pirapo ; — San-Ignacio-Mini sur l'Itambaraca ; Maracayu, vers les sources du Rio-Jesui, due au Père Montoya, etc., etc.

1612. — Les Pères Saloni et Lorenzana fondent les Missions de Taré, Caa-Guazu et Humboy dans le pays des Indiens Itatines. — Ils échouent dans leurs tentatives pour convertir les Guaycurus.

1613. — Fondation de la Mission de Navidad de Acaray sur les bords de la rivière de ce nom. — Elle fut abandonnée en 1632, par suite des attaques des Pautes, et sa population fut grossir celle d'Itapua et de Corpus.

En cette même année, les Jésuites établirent dans la Guayra les réductions de Corpus-Christi, Nuestra-Señora de los Reyes Magos ou Yapeyu, Asuncion de Nuestra-Señora de Mbororé ou La Cruz, toutes transportées depuis, par suite des attaques des Paulistes, sur les bords du Parana et de l'Uruguay.

Il en fut de même de Candelaria, formée en 1616, par les Pères Ruyer, Ureña et Bosquier ; de Concepcion, établie la même année par les Pères Gonzales, Aragona et Roque, d'Itapua fondée en 1619, par les Pères Gonzales, Boroa et Arenas. Quant aux villages fondés par Melgarejo, de 1555 à 1580, tels que : Loreto, Anunciacion, San-Pablo, Terecani, Ibirapuya, Curumiay, Pacuyu, etc., etc., partie restent aux Espagnols pourvus de commanderies, partie sont abandonnés aux Jésuites qui y installent des Missions. C'est aussi ce qui se passa à Saint-François-Xavier sur le Tibajiba en 1622 ; à Incarnacion sur le Nautinguy, et à San-José en 1625 ; à San-Pablo sur l'Iñay ; à San-Miguel sur l'Ibianguy, en 1626 ; à San-Antonio sur l'Ibiticoy ; à los Siete Arcangeles et à Santo-Tomas, chez les Tayobas ; à la Purisima Concepcion chez les Cabelludos ; à San-Pedro chez les Guayanas en 1627 ; enfin à Jesus-Maria.

1616. — Un grand nombre de pères Jésuites sont envoyés d'Europe pour augmenter le nombre des missionnaires que l'on répand dans tout le pays découvert par les Espagnols. — Les Pères établissent des maisons de leur ordre dans toutes les principales villes. — La province jésuitique de la Plata est momentanément réunie à celle du Chili.

1617. — Les Pères Lorenzana et San-Martin, prêchent l'évangile aux Indiens de la Sierra del Tapé à l'est du Rio-Uruguay et fondent quelques réductions.

1620. — Commencement des invasions des Mamelucos qui viennent faire des esclaves chez les populations guaranies voisines du Rio-Parana, et menacent les villages hispano-indiens de la Guayra.

1623. — Travaux apostoliques du Père Gonzalès, à l'est de l'Uruguay et dans la Sierra del Tapé.

1625. — Des Missionnaires partis de Buénos-Ayres remontent le R o-Uruguay et prêchent l'évangile aux Charruas et aux Minuanes. Ils essayent infructueusement de fonder parmi eux quelques réductions. — Ils sont plus heureux chez les Guaranis du haut Uruguay.

1628. — Les attaques des Mamelucos, qui jusque-là n'avait été que partielles, deviennent périodiques et prennent un caractère d'acharnement extraordinaire. — On accuse le gouverneur du Paraguay, Cespedes, d'être de connivence avec eux, en haine de l'influence que les missionnaires acquièrent sur les Indiens. — Il est certain qu'il ne fit aucune tentative pour défendre la province de la Guayra contre les entreprises des Paulistes.

1629. — Les incursions des Mamelucos dévastent toutes les bourgades de la Guayra. — Mal armés, imparfaitement organisés encore, les Guaranis ne peuvent résister aux armes à feu des Paulistes et à la *Macana* (casse-tête) des Tupis leurs alliés. — Les villes espagnoles, loin de défendre les Missions, semblent se réjouir de leur ruine, espérant ainsi conserver et agrandir leurs commanderies.

1631. — Le père Montoya, supérieur des Missions de la Guayra, ne pouvant résister aux Mamelucos, se décide à émigrer. Il organise une flottille de 700 canots, et la charge de 12,000 personnes, restes d'une population évaluée dix ans auparavant à cent mille âmes. — Après d'incroyables fatigues, décimés par la faim et les maladies, les fugitifs arrivent dans le Parana, au-dessous de l'embouchure de l'Y-Guazu, et y commencent de nouveaux établissements.

Pendant que le père Montoya émigre au sud, les jésuites Rançonnier, Mansilla, Martinez et Hernano, se retirent dans la province des Llanos de Xérès, au milieu des Indiens Itatinès, parmi lesquels ils organisent de nouvelles missions.

1633. — Les Missions de la Guayra étant désertes, les Mamelucos se tournent contre les villes espagnoles et enlèvent aux habitants leurs Indiens *yanaconas* (serfs) et *mitayos* (serfs temporaires).

1635. — Les gouverneurs du Paraguay prennent enfin des mesures contre les Mamelucos, et permettent aux missionnaires d'armer les Indiens guaranis des nouvelles missions, qui sont à leur tour menacées par les Paulistes.

Les réductions de San-Cristoval, Santa-Maria, Santa-Teresa, San-Joaquin, récemment formées dans la Sierra-del-Tapé, sont attaquées par les Mamelucos et les Tupis ; mais les pères Mola, Romero et Bernal, ayant armé leurs Indiens, repoussent les envahisseurs. — Ils se décident cependant à reporter leurs établissements plus près du Rio-Uruguay, et se contentent d'établir des postes armés le long de la Sierra, pour y protéger les fermes à bétail et les travailleurs occupés à la récolte du maté.

1636-40. — Organisation de la nouvelle province des Missions sur le Parana et l'Uruguay. Les Jésuites y concentrent successivement tous leurs établissements dont le nombre est réduit à trente. — Presque tous les Indiens de cette région embrassent le christianisme.

1637. — Incursion des Mamelucos dans le territoire des Tapès où ils cherchent à faire comme à la Guayra. Ils enlèvent d'abord un certain nombre d'Indiens, mais sont repoussés victorieusement à une seconde attaque, grâce à la bonne organisation que les Missionnaires donnent à leurs réductions.

1640. — Les Mamelucos dirigent leurs incursions vers le territoire des Itatines et y traitent les Indiens comme ceux de la Guayra. — La ville de Xérès est saccagée et les serfs des Espagnols sont emmenés à Saint-Paul. — Ces incursions qui se répètent obligent les colons à se replier dans l'intérieur du Paraguay.

1642. — Les Jésuites obtiennent du cabinet de Madrid la permission d'armer leurs néophytes avec des armes à feu. Les réductions organisent une force militaire active, et, à partir de ce moment, les Paulistes et les Tupis sont victorieusement repoussés et cessent leurs attaques sur les nouveaux établissements du Parana et de l'Uruguay.

1650. — Prospérité des Missions de l'Uruguay et du Parana. — Plusieurs réductions mal situées sont évacuées et reconstruites aux endroits où l'on voit encore aujourd'hui les ruines. — Organisation administrative des Missions. — Système communautaire, etc. — Exclusion des Espagnols, et isolement des Guaranis. — Commerce des Missions, basé sur l'éducation du bétail et la récolte de la Yerba-Maté. — Protection constamment accordée aux Missions par la cour de Madrid.

1663. — Querelles des Jésuites avec l'évêque de l'Assomption, Bernardino de Cardeñas. — Malveillance des colons espagnols à l'égard de la province des Missions dont ils sont jaloux. — Accusations contre les Jésuites : on leur reproche d'exploiter des mines de métaux précieux, sans les faire connaître, pour ne pas payer le quint du roi ; de former un État à part, soustrait à l'autorité des agents du roi ; de déguiser, en le diminuant, le chiffre réel de la population indienne pour payer une moindre capitation, etc., etc. — L'envie est le principal mobile de toutes ces accusations qui ne trouvent d'ailleurs aucun écho en Espagne.

1670. — Les Jésuites essayent infructueusement de fonder des Missions dans le Chaco.

1676. — Les Mamelucos achèvent de ruiner ce qui restait de fondations espagnoles dans le territoire de la Guayra et de Xérès. — Abandon définitif de la province par les colons et disparition complète des tribus indiennes. Le pays redevient un désert.

1690. — Fondation d'un collége de missionnaires Jésuites à Tarija. — L'archevêque de la Plata, et plus tard, le roi Charles II, en approuvent les statuts et lui accordent des priviléges. Cette maison a pour but principal de former des missionnaires pour les Chiriguanos et les Indiens du nord du Chaco.

Mission du Nahuel-Huapi. — A la même époque, les Pères de la province du Chili cherchent à établir une Mission chez les Indiens du Sud. — Le père Mascardi fonde celle du Nahuel-Huapi, dans une île du lac qui porte ce nom, lac situé au milieu même de la Cordillère dans le 42° de lat. Sud. — Mascardi est assassiné par les Indiens et remplacé par les pères Lagunas et Elguea, dont le premier meurt à la peine et le second est également assassiné. — La Mission est abandonnée définitivement une vingtaine d'années après cette tentative infructueuse.

1691. — Fondation des Missions de Moxos et de Chiquitos par les Jésuites. — Le père de Arcé évangélise les Panoquis ; il établit les réductions de Saint-François-Xavier, Saint-Raphaël, etc.

1694. — Les Mamelucos attaquent les Missions de Chiquitos et sont repoussés.

1695. — Les pères Zea et Hervas fondent de nouvelles Missions dans le pays des Chiquitos. — La plupart des nations indiennes de la contrée se convertissent.

1699. — Tentatives pour l'établissement d'un chemin de la ville de Santa-Cruz de la Sierra au Rio-Paraguay, à travers le pays des Chiquitos. — Le père Hervas arrive jusqu'aux lacs de l'Ouest (Yaiva ou Uberava) ; mais faute d'embarcations il ne peut arriver au fleuve, et se borne à y planter une grande croix en signe de reconnaissance.

1703. — Une seconde tentative a lieu, en prenant l'Assomption pour point de départ et en remontant le Rio-Paraguay. — Le père Zea arrive à un grand lac dont il fait le tour, sans voir la croix du père Hervas; et retourne à l'Assomption.

1704. — Une troisième tentative est faite par le père Fernandez, qui part de la mission de San-Rafael à la recherche de la croix du père Hervas, il atteint effectivement un grand lac auquel il ne trouve pas d'issue, et marche vers le nord sans rencontrer de rivière qui se joigne au fleuve. L'arrivée de la saison des pluies le force à rétrograder.

1705. — La province des Missions du Parana et de l'Uruguay envoie à diverses reprises des contingents armés pendant la guerre contre les Portugais de la Colonia del Sacramento en face de Buenos-Ayres.

1715. — Missions des Jésuites chez les Chiriguanos, le Père Guevara y fonde la réduction de la Conception.

Le Père Arcé remonte le Rio-Paraguay, entre dans le lac de Mandioré, et, débarquant sur la rive occidentale, arrive après de grandes fatigues à la nouvelle Mission de San-Rafael dans le pays des Chiquitos. Lors de son retour il est assassiné par les Payaguas du haut Paraguay.

Fondation de la Mission de Miraflores sur le Rio-Juramento (Salado), par le Père Machoni. — Organisation de la ligne de forts et de Missions du Chaco. — Ces établissements n'ont qu'une durée éphémère.

1720. — Travaux apostoliques du Père Aguilar chez une peuplade d'Indiens Zamucos, voisins du Rio-Jauru.

1721. — Tentative du Père Patiño pour remonter le Rio-Pilcomayo. — Après un voyage de 400 lieues, il est arrêté par les hostilités des Indiens, et la reconnaissance de cette rivière est abandonnée.

1726. — Les Indiens Chiriguanos attaquent les Missions des Chiquitos et sont repoussés avec de grandes pertes par les Indiens convertis.

1731. — Les missionnaires du collége de Tarija se décident à tenter de nouveau l'établissement de réductions chez les Indiens Chiriguanos. Le Père Lizardi fonde une mission dans le bourg de Carapari, et jette les fondements de celle de la Conception où il est assassiné en 1735. Les Jésuites, rebutés par l'indocilité des Chiriguanos, finissent par renoncer à leurs tentatives.

1736. — Conversion des Indiens Zamucos et établissement de réductions parmi eux. — Fondation de la Mission de San-Ignacio de Zamucos qui prospère immédiatement.

1738. — Tentative infructueuse du Père Chomé, parti de San-Ignacio pour gagner le Rio-Paraguay. Il est obligé de faire retraite devant les Indiens Tobas. Le Père Castañarez, parti quelques mois après de la même Mission, ne peut également achever son voyage. Le manque de vivres et d'eau potable, l'hostilité des Indiens, l'obligent à rétrograder. Une autre tentative du même genre, accomplie deux ans après par les mêmes religieux, est également sans résultat; le Père Castañarez, qui, de l'Assomption où il s'était rendu par le Tucuman et Santa-Fé, devait traverser le Chaco et gagner la bifurcation du Pilcomayo, est arrêté par la difficulté du chemin, et le Père Chomé, qui doit l'y joindre en venant du nord-est, forcé de revenir sur ses pas par suite du manque d'eau. Les missionnaires renoncent momentanément à s'ouvrir un chemin dans cette région du Chaco.

1739. — Les Indiens Pampas demandent des missionnaires. Les Pères Strobl et Quirini vont former la réduction de la Concepcion, au bord de la mer, au sud du Rio-Salado. Cette mission semble d'abord devoir prospérer, mais bientôt la guerre entre les Indiens et les Espagnols en compromet l'avenir.

1740. — Prospérité des Missions de Chiquitos. Les Indiens qui les habitent sont déclarés vassaux immédiats de la couronne, et astreints seulement à payer la même capitation que les Guaranis de l'Uruguay et du Parana (une piastre par tête d'Indien mâle de 18 à 50 ans).

1741. — Fondation de la réduction de Saint-François-Xavier (San-Javier) sur le Rio-Parana dans le nord de la province de Santa-Fé, composée d'Indiens Mocovis. Elle est confiée aux Pères Burgher et de Zéa.

1742. — Le Père Castañarez est assassiné en cherchant à fonder une réduction chez les Mataguayos du haut Vermejo.

1746. — Fondation par les Jésuites de la réduction de San-Joaquin dans l'intérieur du Paraguay, au nord de la province des Missions.

1747. — Les pères Jésuites Cardiel et Falkner fondent la mission de la Virgen-del-Pilar, au pied de la Sierra-del-Vulcan, entre ces collines et la mer, au milieu des Indiens Aucas, dans le sud de Buenos-Ayres. L'année suivante, une autre réduction, sous le nom de la Virgen-de-los-Desamparados, est fondée par les pères Balda et Vilert, à l'ouest de la précédente, à une courte distance du Rio-Colorado. — Ces deux Missions n'ont qu'une existence éphémère, et sont abandonnées lors de l'expulsion des Jésuites de la Plata.

1749. — Fondation de la réduction de San-Geronimo sur l'Arroyo-del-Rey, en face de la ville actuelle de Goya et à une courte distance de la rive droite du Rio-Parana, par le jésuite Diego Horvegoso, aidé du lieutenant royal Mujica. Elle est composée de Mocovis et d'Abipons, et subsiste jusqu'en 1810.

Fondation, par les Jésuites, de la mission de Saint-Stanislas, au milieu du Paraguay, au nord de la mission de San-Joaquin.

1750. — Fondation de la mission de San-Fernando, formée de Tobas et de Vilelas, en face de Corrientes, par les Jésuites, aidés du gouverneur de cette ville. Elle subsiste jusqu'à l'expulsion des Pères de la Compagnie.

Fondation de la réduction de Cayasta, formée en partie de Minuanes et de Charruas, près de Santa-Fé, au milieu des Indiens Calchines. Elle est confiée aux pères Franciscains.

Prospérité des Missions de l'Uruguay et du Parana, et réputation qu'elles ont en Europe. Cette prospérité excite l'envie, et l'on accuse les Jésuites de s'y créer un empire indépendant.

Traité de Madrid (13 janvier 1750), entre les couronnes d'Espagne et de Portugal, pour la démarcation des limites de leurs possessions dans l'Amérique du Sud. Les Missions-Orientales sont cédées au Portugal en échange de la ville de la Colonia-del-Sacramento. — Étonnement général dans l'Amérique du Sud et répulsion qu'inspire ce traité. — L'audience de Charcas proteste contre son exécution ; celle de Lima en fait autant.

1752. — Le marquis de Valdelirios et le jésuite Altamirano sont envoyés dans la Plata pour préparer et surveiller l'exécution du traité. — Agitation profonde chez les Indiens orientaux, que l'on veut ainsi expulser de leur pays. — Opposition ardente des Jésuites à l'accomplissement de ces mesures.

Août. — Commencement des travaux pour la démarcation des limites, à partir de l'extrémité sud de la lagune Mirim jusqu'aux sources et à l'embouchure de l'Ibicuy.

1753. — Le père Altamirano va résider à San-Borja, et invite les directeurs des sept Missions orientales à hâter l'évacuation de leurs bourgs, et à en faire passer les habitants de l'autre côté de l'Uruguay. Les Indiens irrités se soulèvent contre Altamirano, qu'ils accusent d'être un Portugais déguisé, et, sous la conduite de Sépé, marchent contre San-Borja. Altamirano effrayé se retire à Buenos-Ayres. — Sépé oblige ensuite les commissaires des limites, déjà arrivés à l'Ibicuy, de se retirer.

1754. — Les autorités espagnoles et portugaises se décident, dans la conférence de Martin-Garcia, à employer la force contre les Guaranis. — Ils recrutent une armée de 3,000 hommes dans la Bande-Orientale et marchent sur les Missions. — Un premier combat, dans lequel les Indiens ont le dessous, a lieu près du Rio-Dayman, non loin de la ville actuelle du Salto. — Après cette victoire, le gouverneur de Montevideo, Adonaegui, fort opposé à cette guerre, se retire, et les opérations languissent. Viana le remplace, et, de concert avec le général portugais Gomez Freire, reprend avec vigueur l'offensive.

1756. — Le cacique Sépé est tué dans un combat malheureux contre Viana. Les Indiens prennent alors pour chef Nicolas Languiru, corrégidor de la Concepcion, et se fortifient sur la colline de Caybaté, non loin du bourg de San-Juan. — Attaqué avec vigueur par l'armée combinée, Languiru est vaincu et tué avec 1,200 des siens. — Cette défaite amène la soumission des Indiens, et l'évacuation des Missions commence : mais elle se fait avec lenteur. D'un autre côté, les Portugais ne se hâtent point d'évacuer la Colonia, de sorte que le traité ne s'exécute pas et que les choses restent dans le même état et n'ont amené que des dépenses et la mort de 2,000 Indiens.

1760. — Les Jésuites fondent la mission de Belem, la plus septentrionale de celles qu'ils possédassent dans le Paraguay, avec le but de se mettre en relation, par elle, avec leurs établissements de Moxos et de Chiquitos. Ils comptaient atteindre de ce point San-Ignacio-de-Zamucos, la plus avancée dans le sud du Chaco boréal.

1761. — Annulation du traité de 1750. Les Jésuites sont rétablis dans les Missions orientales et les réorganisent ; en peu de temps les maux de la guerre sont effacés, et les Missions sont plus prospères que jamais.

2 avril 1767. — Décret de Charles III expulsant les membres de la société de Jésus de tous les domaines de la couronne d'Espagne. (Les Jésuites venaient d'être expulsés de Portugal en 1759, et de France en 1764.)

1768. — Bucarelli, gouverneur de Buenos-Ayres, se charge de l'exécution du décret du 2 avril ; tous les Jésuites des Missions et ceux des maisons des autres villes de la Plata sont brusquement enlevés et conduits à Buenos-Ayres, d'où ils sont embarqués pour l'Espagne. Leurs propriétés sont saisies et confisquées. Dispersion de la belle bibliothèque de leur maison de Cordova, et ruine de leurs plus beaux établissements.

Mécontentement des Indiens guaranis qui n'acceptent qu'avec repugnance les missionnaires franciscains par lesquels on remplace les Jésuites. Modifications dans le régime des Missions, mais on est obligé de conserver en grande partie le régime communautaire établi par les fondateurs.

1770. — Commencement de la décadence des Missions. Les propriétés des Jésuites dans les provinces sont vendues ou données à des propriétaires qui les laissent généralement tomber en ruine.

1790. — Azara visite les Missions, à la suite du traité de 1777. Rapport du sous-gouverneur sur ces établissements et leur état de décadence.

1795. — Fondation de la réduction d'Inispin, au nord de Santa-Fé, par les Franciscains.

1801. — Conquête des Missions orientales par les Portugais. Les Indiens, diminués de nombre et démoralisés, n'opposent aucune résistance aux envahisseurs. L'Espagne se contente de réclamer contre cette agression inopinée.

1803. — Bernardo Velasco est envoyé en qualité de gouverneur général des Missions pour y établir le système communautaire et ne peut réussir. Les Portugais ne sont pas troublés dans leur possession de la rive gauche de l'Uruguay.

1810. — Révolution sud-américaine. Les nécessités de la guerre des années suivantes amènent la retraite de toutes les garnisons de la frontière indienne. Les Missions du nord de la province de Santa-Fé sont abandonnées par leurs Indiens à moitié civilisés, et détruites par les barbares du Chaco.

1816. — Guerres d'Artigas avec les Portugais. Il envoie son fils adoptif, Andrecito, dans les Missions pour y recruter des soldats. Siége de San-Borja.

1817. — Ruine des Missions occidentales par les Portugais. Chagas fait incendier les bourgs et les fermes, transporter la population de l'autre côté de l'Uruguay et assassiner les Indiens valides. En même temps, Francia, récemment nommé dictateur du Paraguay, fait évacuer les cinq bourgs de la rive droite du Parana, en transporte la population de l'autre côté du fleuve, et incendie les églises, les colléges et les habitations. Ruine complète et absolue des Missions occidentales; la province devient un désert.

1819. — Nouvelle campagne d'Andrecito et de Chagas dans les Missions occidentales. Le peu de population qui y était revenue l'année précédente se disperse et se réfugie dans la province de Corrientes et dans celle d'Entre-Rios.

1826. — Tentatives du congrès constituant des Provinces-Unies pour réorganiser les Missions. Ces tentatives échouent par suite des prétentions de Francia à la possession de ce territoire.

1828. — Expédition du général Fructuoso Rivera dans les Missions orientales dont il enlève la population. Cette incursion achève la ruine de ces établissements, ruine d'ailleurs déjà fort avancée. Dispersion des Guaranis; on en met quelques-uns dans les villages de la Bande-Orientale, Belem et Santa-Rosa, sur la rive gauche de l'Uruguay.

1832. — Insurrection des Guaranis de Belem et de Santa-Rosa, écrasée par Rivera. Ce qui reste de ces Indiens est incorporé dans l'armée de ce chef.

1842. — Bataille de l'Arroyo-Grande, où Rivera, défait par Manuel Oribe, perd la plus grande partie de ses Indiens.

1845. — Bataille de la India-Muerta, où Rivera, battu par le général Urquiza, perd le reste de ses Guaranis. Disparition des Indiens Misioneros du bassin de la Plata, sauf ce qui en est resté au Paraguay.

1848. — Le président, D. Carlos Lopez, abolit la communauté qui avait persisté jusque-là, dans les onze Missions d'origine jésuitique encore existantes au Paraguay. Les 6,000 Indiens qui les habitent, seul reste de toute l'ancienne population guaranie, sont mis dans le droit commun, et se dispersent en partie en se confondant avec le reste de la population.

1864. — Les Missions de Moxos et de Chiquitos existent encore, dirigée par les Franciscains, et n'ont ressenti aucune des vicissitudes qu'ont éprouvées celles du Parana et de l'Uruguay.

NOTES ET ÉCLAIRCISSEMENTS.

Population des Missions. — On a tour à tour exagéré et diminué la population de la province des Missions, alors qu'elle était dirigée par les Pères jésuites. Nous avons dit, dans ce mémoire, page 700, ce qu'il en restait ; et dans notre Description de la Confédération Argentine, tome II, page 271, nous avons résumé les recensements dont nous avions alors connaissance. Depuis, il nous a été possible de consulter des manuscrits authentiques, renfermant le mouvement de leur population, de 1732 à 1762, époque du retour des Missions orientales à l'Espagne, et nous sommes heureux d'en donner ici le résumé général.

1715. — Rapport du père provincial Aguilar :

Réductions ou bourgs.	30
Familles.	26,942
Ames.	117,488

1717. — Le père Juan Patricio Fernandez, estimait la population totale à. . . . . 121,168 âmes.

1730. — Un rapport du père provincial la fixait ainsi :

Réductions ou bourgs.	30
Familles.	25,500
Ames.	135,117

Les registres que nous avons consultés nous donnent les chiffres suivants pour les trente Missions :

1732.	Familles.	30,362	
	Population.	141,242	
1733.	Familles.	27,865	Épidémie de variole, de rougeole et de scarlatine qui fait beaucoup de ravages. La disette suit l'épidémie.
	Population.	126,389	
1734.	Familles.	24,217	Dyssenteries. — L'état sanitaire est mauvais pendant plusieurs années.
	Population.	116,250	
1735.	Familles.	22,863	
	Population.	108,228	
1736.	Familles.	20,685	
	Population.	102,721	

1737.	Familles.	27,729
	Population.	104,473
1738.	Familles.	18,080 } Nouvelle épidémie de variole.
	Population.	90,287
1739.	Familles.	15,897
	Population.	74,159
1740.	Familles.	16,823
	Population.	73,910
1741.	Familles.	17,868
	Population.	76,960
1742.	Familles.	18,641
	Population.	78,929
1743.	Familles.	19,961
	Population.	81,355

Il y a une lacune de 1744 à 1750. — Dans cette période, la population, si singulièrement diminuée depuis 1732, remonte beaucoup. — C'est à cette époque que les pères fondent les Missions de Taruma, d'abord Saint-Joachim et Saint-Stanislas, puis Bethléem (*Belen*).

Un manuscrit publié à Vienne fixe à 84,606 âmes la population des trente Missions en 1744, et à 87,240 en 1746. — Nous possédons les chiffres des quinze années suivantes :

1750.	Familles.	22,469	
	Population.	96,525	
1751.	Familles.	22,637	
	Population.	98,825	
1752.	Familles.	22,742	Guerre guaranitique. On partage la population en deux fractions, l'une des Missions de la rive droite de l'Uruguay qui reste à l'Espagne ; l'autre de la rive gauche livrée au Portugal.
	Population.	101,142	
1753.	Familles.	22,163	
	Population.	95,884	
1754.	Familles.	23,045	En 1753, la population restée à l'Espagne est de. 16,035 famil. et. . . . . . 66,833 habit. La population livrée au Portugal est de. . . . . 6,144 famil. et. . . . . . 29,052 habit.
	Population.	102,440	
1755.	Familles.	23,633	Les Guaranis de la rive gauche de l'Uruguay, ne voulant pas rester aux Portugais, se réfugient chez leurs frères de la rive droite qui leur donnent l'hospitalité, et, en 1757, il y a là. . . . . . 4,463 famil. et. . . . . . 20,350 habit. A partir de 1762, ils retournent dans leurs anciennes missions rendues à l'Espagne.
	Population.	106,392	
1756.	Familles.	20,060	
	Population.	90,039	
1757.	Familles.	» »	
	Population.	» »	
1758.	Familles.	22,796	
	Population.	104,095	
1759.	Familles.	23,005	
	Population.	106,454	

1760.	Familles. 23,547	
	Population. 107,523	
1761.	Familles. 22,214	Il restait encore de réfugiés en 1761 : 5,490 familles ; soit 23,338 habitants.
	Population. 101,392	
1762.	Familles. 23,230	A la fin de décembre 1762 il restait de réfugiés : — 5,549 familles et 25,102 habitants.
	Population. 105,585	
1763.	Familles. 22,626	A la fin de 1763, il restait de réfugiés : — 2,056 familles et 9,122 habitants. — 3,095 familles, et 13,850 habitants étaient retournés dans leurs anciens bourgs.
	Population. 102,015	
1764.	Familles. 19,974	Épidémie de variole qui donne 7,414 décès parmi les Indiens des deux rives de l'Uruguay. Il reste de réfugiés : 1,158 familles ; soit, 4,519 habitants. — Il est retourné aux Missions Orientales : 3,151 famil., soit 15,590 hab.
	Population. 93,978	

La grande épidémie de variole de 1764 donna la mortalité suivante dans les vingt et un bourgs qui en furent atteints :

San-Ignacio-Guazu.	12
Santa-Maria-de-Fé.	19
Santa-Rosa.	1,596
Santiago.	305
Itapua.	3
San-José.	398
San-Carlos.	21
Concepcion.	364
Apostoles.	682
Martires.	808
Santa-Maria-la-Mayor.	668
San-Javier.	150
San-Nicolas.	341
San-Luis.	420
San-Lorenzo.	234
San-Miguel.	470
San-Juan.	5
San-Angel.	188
San-Borja.	153
Santo-Tomé.	570
La Cruz.	7
Total.	7,414

Il paraît que les cinq bourgs du Parana et les Missions de Taruma ne furent point atteints. L'élévation de ces chiffres, sur une population de 102,000 âmes, et leur irrégularité prouvent ce que nous avons déjà dit plusieurs fois de l'excessif danger des épidémies de variole chez les Indiens et de la dépopulation du continent américain par suite de cette maladie. On voit par là que l'épidémie de 1764 enleva un douzième de la population des Missions. — C'est, proportionnellement, comme si, en 1854, le choléra avait enlevé trois millions d'habitants à la France.

En 1753, lors du partage des Missions entre les Espagnols et les Portugais, en conséquence du traité de 1750, on trouva la population suivante dans chaque bourg.

Missions restant à l'Espagne.

	Familles.	Ames.
San-Ignacio-Guazu	485	2,167
Santa-Maria-de-Fé	960	4,240
Santa-Rosa	578	2,455
Santiago	1,067	4,633
Itapua	855	3,518
San-Cosme	388	1,432
Trinidad	635	2,623
Jesus	452	1,836
Candelaria	519	2,017
Santa-Ana	1,030	4,787
Loreto	804	3,195
San-Ignacio-Mini	873	2,623
Corpus	873	3,800
San-Carlos	383	1,678
San-José	430	1,883
Apostoles	403	1,923
Concepcion	523	2,274
Martires	735	2,981
Santa-Maria-la-Mayor	534	2,082
San-Javier	521	1,942
La Cruz	613	2,575
Yapeyu	1,550	6,726
Santo-Tomé	603	2,703
San-Joaquin de los Tobatines	129	707
	16,025	66,832

Missions livrées au Portugal.

San-Borja	633	3,493
San-Luis	800	4,245
San-Lorenzo	474	1,838
San-Nicolas	368	4,215
San-Juan	772	3,228
San-Angel	1,137	5,105
San-Miguel	1,360	6,838
	6,144	29,052
Total général des Missions	22,163	95,884

Voici le mouvement de la population des sept Missions orientales de 1752 à 1760, c'est-à-dire pendant qu'elles furent sous la domination portugaise. On y a joint sans doute le mouvement de la fraction de cette population réfugiée chez ses frères de la rive droite de l'Uruguay.

Années.	Naissances.	Décès.	Excédant de population.
1752	1476	990	+ 486
1753	1810	1006	+ 804
1754	1711	1220	+ 491
1755	1835	1895	— 60
1756	221	320	— 99
1757	1199	855	+ 344
1758	1330	1312	+ 18
1759	1252	1211	+ 41
1760	1465	1017	+ 448
Totaux.....	12,319	9,826	2,49

Population totale au 1er janvier 1752. 29,191
Population au 1er janvier 1761. 27,247

Les sept Missions ont donc perdu, dans ces neuf années. 1,944
de leurs habitants.

En 1768, lors de l'expulsion des Pères de la compagnie de Jésus, le recensement donna, selon les uns, 88,000 âmes, selon les autres, au-delà de 100,000. Nous n'avons pas le chiffre exact. — En 1785, Doblas, sous-gouverneur des Missions, l'évaluait à 70,000.

Douze ans plus tard, en 1797, Azara répartissait ainsi cette population :

Les onze Missions du Paraguay 10,979
Les cinq Missions de la rive gauche du Parana. 7,536
Les dix Missions occidentales.. 19,284
Les sept Missions orientales. 16,589
                                                                 54,388

Depuis ce dernier recensement, la population indienne continua de décroître, jusqu'à la ruine entière des Missions occidentales, en 1817, et orientales, en 1828. — Nous avons démontré, dans ce mémoire, que celle des Missions du Paraguay était réduite, en 1856, à moins de 6,000 âmes.

Quant à la population des dix Missions jésuitiques de la province de Chiquitos, elle a également décru, mais non pas dans une semblable proportion. — Lorsque les Jésuites furent obligés de les quitter, on pouvait évaluer le chiffre de leurs habitants à 22,000. — Alcide d'Orbigny, qui les visita soixante ans après, et qui a pu s'y procurer la statistique des trois années 1828, 29 et 30, trouva pour l'année 1830 le chiffre de 15,314 habitants ainsi répartis :

San-Javier	946
Concepcion	2,249
San-Ignacio	2,934
San-Miguel	2,510
Santa-Ana	798
San-Rafael	1,049
San-José	1,910
San-Juan	879
Santiago	1,234
Santo-Corazon	805
Total	15,314

Cette statistique y donnait en moyenne : 1 mariage sur 47 habitants ; — 3 enfants par mariage, — 1 naissance annuelle pour 14 habitants et 1 décès pour 15, ce qui fait la proportion de près de 98 décès pour 100 naisssances. — Mais il faut objecter ici que, sur les trois années qui servent de base à ce calcul, il y a eu épidémie les deux premières années, et que toutes les épidémies de fièvres éruptives sont extrêmement meurtrières chez les Indiens (1). Cela explique les grandes oscillations du chiffre de la population dans leurs villages. Nous avons déjà noté ce fait en traitant des Missions de l'Uruguay et du Parana, et indiqué que c'était surtout au fléau de la variole que l'on devait cette mortalité. L'accroissement que la population a éprouvé pendant dix ou douze années s'arrête tout d'un coup par suite d'une épidémie qui vient moissonner la majeure partie de cet excédant. Il est vrai que, plus tard, l'introduction de la vaccine est venue modifier cet état de choses, et que les épidémies varioleuses sont aujourd'hui un peu moins destructives. — En 1845, M. de Castelnau trouvait 18,289 âmes dans ces Missions, et le chiffre actuel doit dépasser 20,000.

Les Jésuites cherchaient, par tous les moyens possibles, à favoriser le développement de la population dans les Réductions qu'ils avaient fondées. Ils mariaient de bonne heure les Indiens, ne souffraient point de célibataires dans l'âge viril, et poussaient tous les veufs à se remarier, à moins qu'ils ne fussent trop âgés. De plus, les femmes mariées n'avaient pas droit de porter les cheveux longs avant d'être mères, et le réveil était, dans toutes les Missions, sonné une demi-heure avant le lever. — D'un autre côté, l'on avait soin d'envoyer des Pères ayant quelques connaissances médicales qui leur permissent de soigner leurs néophytes dans leurs maladies. Et cependant, par suite de ces épidémies fatales, la population n'augmentait que peu. Ces mesures et ces précautions furent continuées par leurs successeurs, et on les emploie encore aujourd'hui dans les Missions de Chiquitos.

Les Missions de Moxos ont été généralement fondées par des Franciscains, qui les dirigent encore aujourd'hui. Elles sont nombreuses, et renferment une popu-

---

(1) Voyez d'Orbigny, *l'Homme américain*, tome Ier, pages 50 et suivantes ; — Castelnau, *Expédition dans les parties centrales de l'Amérique du Sud*, tome III, page 249.

lation qui doit atteindre au-delà de 25,000 âmes. Un assez grand nombre de blancs s'y sont mêlés aux Indiens.

Une multitude de tribus non réduites se rencontrent en divers points de cette province. Elles vivent toutefois en assez bonne intelligence avec les Boliviens, et le gouvernement de Chuquisaca facilite le plus qu'il peut l'action des missionnaires parmi elles.

Action du catholicisme et de ses missionnaires dans les Amériques, relativement à la race indienne.

Tous les auteurs qui ont étudié sérieusement l'histoire des races indigènes des deux Amériques ont été unanimes pour rendre justice aux travaux des Missionnaires catholiques et principalement des Jésuites. Parmi l'immense foule de documents qui s'amoncellent devant nous, nous ne citerons que les opinions de quelques auteurs récents, mais dont les recherches profondes ont jeté la plus vive lumière sur cette question.

Écoutons d'abord M. de Straten Ponthoz, qui a fait un travail si complet sur la situation économique du Brésil.

« Lorsque la civilisation de l'Europe vint se placer devant les sauvages de l'A-
« mérique, le catholicisme entreprit de conserver au Nouveau-Monde les popula-
« tions que Dieu lui avait données.

« Des extrémités du Canada jusqu'aux bords de la rivière argentine, la croix
« s'est élevée pour la protection de la race indigène. Les ruines des Missions
« subsistent en monuments des efforts du catholicisme et elles resteront comme
« sa protestation dans la suite des âges.

« L'Indien ne pèse plus dans la destinée des deux Amériques.

« Au milieu des forêts du Brésil et des montagnes Rocheuses, le successeur du
« Missionnaire qui avait entrepris de faire entrer la race indienne dans la marche
« de l'humanité, est entouré de ses derniers débris. Tous ses efforts ne peuvent
« aspirer qu'à mettre sur la fosse où ils disparaissent cette même croix qui, avec
« la civilisation des ancêtres, voulait épargner au monde l'opprobre de l'extermi-
« nation des descendants. »

(Budget du Brésil. Tome 1, page 128, par le comte Van Straten-Ponthoz, Bruxelles, 1854.)

Plus loin, le même auteur, appréciant l'action des Missions dans l'intérieur du Brésil, s'exprime ainsi:

« Au milieu de la confusion qui remplit l'histoire des premiers siècles du Brésil,
« on voit apparaître deux génies contraires, qui ne cessent point de se disputer
« la prééminence sur le nouveau continent. — L'un, inspirant sa mission des
« desseins de la Providence qu'il voit reposer sur les solitudes de l'Amérique,
« entreprend d'y faire un patrimoine aux tribus sauvages, et d'y préparer les res-
« sources d'un nouveau sol et d'un nouveau sang aux besoins de l'avenir du vieux
« monde. — L'autre est conquérant et exterminateur. Il n'épargne le sauvage

« que pour le profit de sa servitude. Il ne s'attache au sol qu'avec des inspirations
« mercantiles; c'est là tout son instinct. Il n'y manque pas un moment dans le
« cours d'environ trois siècles.

« Le catholicisme s'était chargé d'une mise en œuvre évangélique dans le
« nouveau monde, pour en conserver les peuplades; il venait, après mille ans,
« redemander à la civilisation cette même pitié que lui avait obtenue d'Attila le
« pape saint Léon : il ne l'obtint pas.

« Les forêts du Brésil ont rempli de pages funèbres l'histoire de la colonie por-
« tugaise, et ses annales seraient devenues l'opprobre d'un peuple et de l'humanité,
« sans la protestation des Missionnaires, qui, jusqu'au dernier soupir, ont élevé la
« croix entre l'Indien et le chasseur d'esclaves.

« Dès l'année 1757, les Missions des tribus indiennes du Brésil avaient succombé
« sous la persécution du marquis de Pombal. Cet événement et la politique dont
« il était le résultat devaient avoir une profonde influence sur le sort des posses-
« sions portugaises en Amérique.

« Les seuls Jésuites pouvaient continuer l'entreprise de civiliser les indigènes,
« et la destruction de leur ordre fut suivie de la destruction de leur ouvrage. »
(Southey, tome III, page 697.)

« Les Indiens, privés du Missionnaire dont l'autorité et la protection les tenaient
« réunis autour d'une chapelle, furent livrés à la cupidité des colons. Ils retour-
« nèrent à leur existence vagabonde et précaire, en fuyant dans les forêts l'exter-
« mination que leur réservaient la corvée et la servitude. » (Southey, tome III,
page 697. — Cazal, tome I, page 276.) « Le Brésil perdit ainsi sans retour les
« ouvriers réguliers de son défrichement.

« La conservation des indigènes dans les Missions aurait établi au centre du
« Brésil des agglomérations, dont la population et les travaux auraient étendu
« leur attraction vers le littoral. Le prêtre et l'Indien auraient ainsi fondé la reli-
« gion avec les mœurs de la vie agricole, au milieu des régions qui restèrent des
« solitudes, où les chercheurs d'or et les bandes d'aventuriers ne pénétrèrent que
« pour tomber eux-mêmes dans une barbarie pire que celle des tribus nomades
« des forêts. » (Le comte de SRATEN-PONTHOZ. — *Budget du Brésil*, trois volumes
in-8°, Bruxelles, 1854. — Tome II, page 43.)

Un Canadien moderne, M. Garneau, dans un ouvrage justement estimé, apprécie
en ces termes l'action des missionnaires Jésuites dans l'Amérique du Nord, laquelle,
aussi bien que celle du Sud, a été le théâtre de leur dévouement apostolique :

« Si nous voulions exposer en peu de mots les motifs qui ont amené les Euro-
« péens en Amérique, nous dirions que les Espagnols y vinrent pour chercher de
« l'or, les Anglais la liberté politique et religieuse, et les Français pour y répandre
« la lumière de l'Évangile. — En effet, pendant longtemps, la voix religieuse a
« couvert toutes les autres voix, du Canada à Paris, lorsqu'il s'est agi du Nou-
« veau-Monde.

« Les Jésuites qui excitaient dans les sociétés européennes les soupçons et la
« haine des peuples, lorsqu'ils prêchaient la soumission absolue des sujets au
« sceptre des rois, et la colère des rois, lorsqu'ils prêchaient la soumission des
« souverains à la tiare du pape, les Jésuites, disons-nous, remplirent une tâche
« plus noble et plus sainte dans les forêts du Nouveau-Monde, en soutenant la
« lutte de l'esprit contre la matière, de la civilisation contre la barbarie.

« De Québec, les Jésuites se répandirent parmi toutes les peuplades sauvages,
« depuis la baie d'Hudson jusque dans les pays qu'arrosent les eaux du Mississipi.
« Un bréviaire suspendu au cou, une croix à la main, ils devançaient souvent
« nos plus intrépides voyageurs. On leur doit la découverte de plusieurs vastes
« contrées, avec lesquelles ils formaient alliance au nom de cette croix qu'ils
« mettaient entre eux et le ciel. Cet emblème religieux produisait sur l'esprit des
« sauvages au milieu des forêts silencieuses et sombres de l'Amérique un effet
« triste et touchant, qui désarmait ces hommes farouches, mais sensibles aux sen-
« timents profonds et vrais. C'était dans ces sensations, dit un auteur, que le
« Missionnaire fondait l'attrait qui le faisait rechercher par l'homme des bois.
« Les doctrines douces qu'il enseignait contribuaient à resserrer les liens qui l'u-
« nissaient à ses néophytes, et à lui assurer les moyens de pénétrer de cabane en
« cabane, et de peuplade en peuplade, jusque dans les contrées les plus reculées.

« Ces missionnaires, parmi lesquels se trouvaient quelques religieux de l'ordre
« de Saint-François, n'étaient jamais plus grands que quand ils se servaient de
« leurs lumières pour éclairer les barbares dans toutes les parties du monde. Leur
« société fut établie, comme on le sait, au temps de la Réforme, à la fois pour
« mettre un frein au désordre que cette grande révolution jetait dans les idées et
« les croyances, et pour aller prêcher l'évangile aux infidèles. Ses règles ne
« permettaient d'admettre que des hommes doués d'une grande énergie mo-
« rale, des hommes qui se soumettaient au joug absolu d'un seul, le pape,
« qui se devaient au triomphe d'une seule religion, le catholicisme, dont
« ils étaient spécialement les défenseurs contre l'hérésie et l'idolâtrie. C'est
« surtout cette obéissance absolue à un souverain étranger, au pontife romain,
« qui a fait abolir dans la suite leur ordre dans la plupart des États catholiques.
« Livrés exclusivement à l'école, à la chaire et au confessionnal, quel ascendant
« ne pouvaient-ils pas espérer d'exercer avec ces trois grands moyens sur l'esprit
« des hommes ! En peu de temps les Jésuites eurent les meilleures écoles de l'Eu-
« rope. Isolés du monde, ils formèrent au milieu de lui une sorte de république
« intellectuelle soumise à la discipline la plus sévère et dont le mot d'ordre était
« exécuté par toute la terre.

« Leur influence s'étendit bientôt sur les savants comme sur les ignorants, sur
« les trônes les plus élevés comme sur les plus humbles chaumières. Puis, s'élan-
« çant hors de la civilisation, ils allèrent dans leur héroïsme religieux jusqu'aux
« extrémités du monde pour soumettre les infidèles à la croix, non pas comme les
« croisés, par le fer et par la flamme, mais comme le Christ et ses apôtres, par
« une éloquence persuasive versée à flots au milieu des multitudes étonnées. Ils
« firent briller la croix depuis les rives du Japon jusqu'aux points les plus reculés
« de l'Amérique, depuis les glaces de l'Islande jusqu'aux îles de l'Océanie.

« C'est ce dévouement héroïque et humble tout à la fois qui a étonné le philo-
« sophe et conquis l'admiration des protestants. C'est cette admiration qui a ins-
« piré sur le Canada de si belles pages à Bancroft, l'habile historien des colonies
« anglaises.

« L'histoire des Missionnaires, dit-il, se rattache à l'origine de toutes les villes
« célèbres de l'Amérique française ; pas un cap n'a été doublé, pas une rivière
« n'a été découverte, sans qu'un Jésuite en ait montré le chemin. »

GARNEAU. — *Histoire du Canada*. — Troisième édition, tome I, page 222. — Québec, 1859.

Sir Woodbine Parish, dans son excellent ouvrage intitulé : *Buénos-Ayres et les provinces de la Plata*, résultat de son long séjour dans ces contrées, s'exprime ainsi :

« Quand l'ordre des Jésuites fut expulsé de l'Amérique du Sud, il y avait dans
« la province des Missions cent mille personnes habitant les trente bourgs que l'on
« y comptait. D'après un rapport détaillé que j'ai reçu, en 1825, du Gouverneur
« des Missions, il ne restait pas même mille âmes dans tout le territoire de l'Uru-
« guay, et encore cette faible population fut-elle enlevée lors de la guerre avec le
« Brésil par suite de son occupation de la Bande Orientale.

« Voilà donc cet *imperium in imperio* qui, à une époque, excita l'étonnement
« du monde, la crainte et l'envie des princes, lesquels pourtant n'avaient guère mo-
« tif à s'alarmer, puisque tout cet édifice s'écroula aussitôt l'expulsion des quelques
« vieux prêtres qui le soutenaient. Jamais n'exista communauté plus inoffensive.
« Les Missions étaient une expérience sur une grande échelle, basée sur l'esprit le
« plus pur du christianisme, dans le but d'instruire et de rendre utiles des peu-
« plades sauvages qui autrement eussent été exterminées, comme le fut si miséra-
« blement le reste des indigènes, tant par la guerre que par la servitude que leur
« imposèrent les colons européens et leurs descendants.

« La prospérité extraordinaire de ces établissements fut l'origine d'une multi-
« tude de fables qui circulèrent sur le but qu'avaient eu les Jésuites à les fonder.
« Ces fables acquirent malheureusement un certain crédit dans un temps où l'es-
« prit public était fort animé contre la richesse et la puissance de ces religieux
« en Europe, et contribuèrent sans aucun doute à la chute de leur compagnie.

« Rien de plus illogique, de plus extravagant que les récriminations qu'on leur
« adressait au sujet de leurs Missions. En effet, en même temps qu'on les accu-
« sait d'aspirer à la conquête d'une indépendance puissante et complète, on leur
« reprochait de conserver systématiquement les Indiens dans un état d'enfance
« ignorante et inutile.

« Les Indiens avaient la plus vive affection pour les Jésuites qu'ils considéraient
« comme leurs pères ; et leurs plaintes furent déchirantes et sincères quand on
« les leur arracha pour les remplacer par des Franciscains que le gouverneur Bu-
« carelli leur envoya. » — Sir Woodbine Parish, *Buénos-Ayres et les provinces de
la Plata*. Traduction en espagnol par D. Justo Maeso. Buénos-Ayres. 1852.

M. de Castelnau, qui visita les Missions de Chiquitos en 1845, tient le langag
suivant :

« Le respect que ces Indiens témoignent aux agents du gouvernement et à
« leurs curés est très-grand, sans doute ; cependant ils se plaignent souvent de
« ce que ces fonctionnaires ne viennent parmi eux que pour s'enrichir aux dé-
« pens de leur travail. Alors ils parlent avec un amer regret des *bons Pères* qui
« les gouvernaient pour eux-mêmes, et non dans un but intéressé. — Ils dési-
« gnaient ainsi, avec les yeux baignés de larmes, ces prêtres aussi éclairés qu'hu-
« mains qui venaient passer leur vie entière dans ces déserts écartés. Je dois dire
« que ces sentiments sont unanimes chez tous les peuples de l'Amérique du Sud
« qui ont été civilisés par les Jésuites. Les membres de cet ordre célèbre ne sup-
« posaient pas que toutes les variétés de la race humaine, si différentes les unes

« des autres, par les traits, la couleur, le caractère, le génie, fussent aptes à at-
« teindre un même et unique degré de civilisation. Ils croyaient que chaque va-
« riété de notre espèce devait, au contraire, être gouvernée selon ses facultés. Ils
« n'auraient donc jamais cherché à faire des sauvages de l'Amérique du Sud des
« savants ni des législateurs; mais ils avaient su chercher les indigènes dans
« leurs forêts, les étonner par leur dévouement, les vaincre par leur martyre, et
« les amener enfin à former des sociétés morales et chrétiennes qui auraient pu
« servir d'exemple à des peuples plus civilisés. Aujourd'hui encore, lorsqu'un de
« leurs curés a su par son mérite et ses vertus se concilier leur vénération, ils en
« parlent ainsi comme dernier terme de leur admiration : *C'est un vrai père de la*
« *Compagnie*. Mais les prêtres de ce genre sont rares, et l'on ne rencontre que trop
« souvent dans les villages des ecclésiastiques indignes du caractère dont ils sont
« revêtus. Il en résulte qu'avec le temps, le respect qui s'attache aux fonctions du
« ministère sacré s'affaiblit de plus en plus. — Un ordre religieux dont les hom-
« mes disparaissent sans que la loi change peut seul civiliser les Indiens. » — Francis de Castelnau, *Expédition dans les parties centrales de l'Amérique du Sud, de 1842 à 1847*. — Paris, 1851. — Tome III, page 213.

Maintenant voici ce que dit le professeur au collège de France, M. Ampère, à son retour du Mexique, sur les Missions de Californie :

« Cortès toucha la côte de Californie où un de ses lieutenants avait abordé le
« premier. Le golfe de Californie s'est d'abord appelé mer de Cortès, mais le na-
« vigateur espagnol ne fonda aucun établissement dans ce pays, qui, chose cu-
« rieuse, devait être conquis par les Jésuites. — Après s'être fait autoriser par le
« gouvernement de Mexico, les Pères se mirent à l'œuvre. Le père Salvatierra dé-
« barqua sur la côte avec cinq hommes et leur caporal, éleva un mur autour
« d'une chapelle où il avait placé Notre-Dame de Lorette, et défendit contre les
« Indiens ce petit fort qui fut plus tard la capitale de la Basse-Californie (Lo-
« reto). De leur côté, les Franciscains plantèrent une croix dans la Californie su-
« périeure, au fond d'une rade magnifique qu'ils appelèrent San-Francisco ; les
« apôtres de la pauvreté marquaient, sans le savoir, la place de la ville de l'or.

« L'histoire du gouvernement de la Californie par les Missions est une admi-
« rable histoire. Résistant aux Indiens par les armes et pansant leurs blessés après
« le combat, les nourrissant, les instruisant, les gouvernant comme des enfants,
« défrichant le pays, agriculteurs, architectes, artisans, bâtissant des églises, des
« maisons, des moulins, jetant des ponts, creusant des canaux, les Jésuites mon-
« trèrent là, comme ailleurs, cette possibilité de tout faire, qui est le propre de
« leur institut.

« L'indépendance du Mexique et les révolutions qui la suivirent, en désorga-
« nisant les Missions, avaient plongé la Californie dans la plus irrémédiable anar-
« chie. Au milieu du désordre, les aventuriers des États-Unis, venus par les cimes
« de la Sierra-Nevada, regardées longtemps comme infranchissables, commen-
« cèrent à jouer un rôle en appuyant quelqu'une des factions indigènes qui divi-
« saient le pays. Ils trouvaient un point d'appui dans le capitaine Sutter, qui,
« après la révolution de Juillet, était allé bâtir un fort et fonder une espèce de
« principauté indépendante dans la vallée du Sacramento.

« Bientôt ils se soulevèrent contre la faible autorité du gouvernement mexicain,

« et proclamèrent leur indépendance en arborant un pavillon où l'on voyait un
« ours et une étoile. Enfin arriva la guerre du Mexique, et un parti d'Américains,
« composé de douze dragons sur des chevaux éreintés, de cinquante hommes
« montés sur des mulets, et de cinquante fantassins, attaqua les troupes mexi-
« caines; puis les Américains, aidés d'un renfort arrivé par mer, et d'Espagnols
« mécontents, parvinrent à mettre en ligne cinq cents hommes qui opérèrent la
« conquête de la Californie. — Elle avait déjà été une fois conquise par une
« armée cinq cents fois moins nombreuse, les cinq hommes du Jésuite Salva-
« tierra. » — Ampère, *Promenade en Amérique, États-Unis et Mexique*. Tome II,
page 414. Paris, 1856. — Chez Michel Lévy.

Enfin un auteur moderne, qui termine en ce moment un travail spécial et complet sur le Paraguay et les Missions, que, comme nous, il a visités, M. Alfred Demersay, s'explique en ces termes :

« J'ai hâte d'en faire l'aveu, je ne me suis jamais dissimulé les délicatesses de
« mon sujet. Parler des Jésuites, même de ceux de l'Amérique, est une entre-
« prise fort épineuse, grosse tout au moins d'une foule de suppositions. — Et ce-
« pendant, il faut bien qu'on le sache, quelque opinion que l'on se forme de l'in-
« fluence, des intentions politiques ou des secrets desseins de la célèbre Compagnie
« en Europe, on ne saurait méconnaître, sans injustice, les grands services qu'elle
« a rendus dans le Nouveau-Monde, à la cause de l'humanité. Envoyés pour sous-
« traire les Indiens à l'avidité des conquérants, aux mesures vexatoires des gou-
« verneurs, au bruit des protestations énergiques de l'évêque de Chiapa, les Jé-
« suites ont accompli cette lourde tâche, à travers des obstacles sans nombre et
« des périls qui ont fait dans leurs rangs plus d'un martyr. Leur austérité a dé-
« fié toutes les accusations, toutes les calomnies; et leur administration a laissé
« parmi les indigènes des souvenirs sous la pression desquels leurs successeurs
« ont succombé.

« On a critiqué vivement, je le sais de reste, le régime des Missions, et je ne
« veux pas prétendre qu'il conviendrait à une société comme la nôtre; mais un
« peuple jeune, des hommes sans prévoyance, sans souci du lendemain, devaient
« être gouvernés par les moyens, avec les pompes qui conviennent à la jeunesse
« des peuples. La destruction de l'Ordre a donc laissé en Amérique un vide im-
« mense, que les voyageurs sont unanimes à dénoncer. Sur tous les points, l'œuvre
« sociale a disparu depuis longtemps; sur presque tous, l'œuvre matérielle achève
« de disparaître. On le verra plus tard : en peu d'années, la solitude s'est faite au
« sein de ces magnifiques établissements; les Indiens ont repris le chemin des
« déserts et se sont dispersés dans les forêts, que leurs ancêtres avaient abandonnées
« à la voix persuasive des hommes dont la réputation de mansuétude et de cha-
« rité était parvenue jusqu'à eux.

« Il faut excepter de ce tableau l'État du Paraguay, que son isolement, depuis
« l'Indépendance, a préservé de la manie des révolutions, presque endémique
« dans les anciennes colonies de l'Espagne, et qui, grâce à cette tranquillité tra-
« ditionnelle, chèrement achetée, a conservé intacts les monuments de la gran-
« deur et des richesses de l'Ordre fameux dont le nom restera désormais insépa-
« rable du sien. Il m'a donc été permis d'étudier sur place le régime institué de
« toutes pièces par les fondateurs des Missions, car il a subsisté jusqu'au 7 octo-

« bre 1848. Ce jour-là, un décret présidentiel a paru, qui déclare *citoyens de la*
« *République* les Indiens de tous les villages, les fait rentrer dans le droit com-
« mun, supprime leur juridiction particulière, établit de nouvelles autorités, etc.
« J'ignore, à l'heure qu'il est, les conséquences de cette mesure prise par le pré-
« sident Lopez sous l'influence d'une révolution européenne que l'un de ses
« ministres s'est chargé de qualifier du haut de la tribune; et l'expérience dira
« bientôt si les Indiens, affranchis des travaux de communauté, se sont rendus
« dignes de la liberté qu'on leur a octroyée avec des phrases d'un libéralisme so-
« nore, dont j'ai quelque raison de me défier.

« Certes, nous tenons compte au président Lopez de ses intentions bruyam-
« ment exprimées, mais il ne doit pas se le dissimuler, ce ne sera pas pour lui
« chose simple et facile de bouleverser de fond en comble, de mettre à néant
« l'œuvre séculaire d'excellents observateurs, d'hommes profondément habiles,
« que les écrivains, les savants et les voyageurs de tous les pays s'accordent à
« louer dans une unanimité trop entière pour être l'effet du hasard ou l'expres-
« sion d'une opinion préconçue. Ici les noms que je pourrais citer se pressent en
« foule sous ma plume : Voltaire, Raynal, Montesquieu, Juan y Ulloa, Angelis,
« Ferdinand Denis, Humboldt, Thaddée Haënke, Auguste de Saint-Hilaire, Alcide
« d'Orbigny, Robertson, Koster, Varnaghen, combien d'autres encore!

« Je poursuis le dépouillement des témoignages que j'ai recueillis et j'en trouve
« un, qui ne paraîtra pas suspect de partialité, dans cette phrase d'une lettre
« adressée par Carvalho de Mendoza, gouverneur général du Maranhão, à son
« frère le marquis de Pombal, le *grand marquis*, l'ardent promoteur du décret
« de proscription de 1767 :

« *Il m'est impossible de soumettre ces pères; leur politique et leur habileté*
« *défient tous mes efforts et la force de mes armes. Ils ont donné aux sau-*
« *vages des coutumes et des habitudes qui les attachent à eux indissoluble-*
« *ment.* » — ALFRED DEMERSAY. — *Histoire physique, économique et politique du Paraguay et des établissements des Jésuites*. Paris, 1860. Tome I. Introduction, page xii. Chez Hachette.

Nous n'avons rien à ajouter après M. Demersay ; ses paroles, aussi judicieuses qu'éloquentes, résument et tranchent la question.

TABLE DES MATIÈRES.

Pages.

I. — Conquête des régions de la Plata par les Espagnols. — Organisation des tribus conquises. — Indiens Yanaconas, — Indiens Mitayos. — On appelle les Jésuites pour convertir et civiliser les Indiens.............. 2

II. — Conquête de la province de la Guayra par les Mamelucos portugais. — Les Jésuites fondent leurs réductions du Parana et de l'Uruguay. — Leurs trente-trois Missions.................................... 5

III. — Description du territoire des Missions. — Système de gouvernement. — Communauté. — Travaux. — Produits. — Hostilité et jalousie des habitants de la Plata contre les Jésuites. — Splendeur des Missions en 1750. 9

IV. — Les Portugais à la Colonia. — Traité de 1750 entre l'Espagne et le Portugal. — Cession des Missions orientales. — Résistance des Guaranis. — Guerre dite des Jésuites. — Annulation du traité en 1761......... 12

V. — Reproches faits aux Jésuites : richesses, mines, objets précieux, fermes à bétail, armement, règlement militaire..................... 17

VI. — Expulsion des Jésuites en 1767. — Désolation des Indiens, leur lettre au gouverneur Bucarelli. — Organisation nouvelle des Missions : Division administrative, Municipalité indienne. — Décadence des Missions.. 22

VII. — Conquête des Missions orientales par les Portugais, en 1801...... 27

VIII. — Destruction des Missions occidentales par les Portugais, en 1817. — Guerre d'Artigas.. 29

IX. — Ruine des Missions orientales en 1828...................... 40

X. — Missions du Paraguay. — Leur histoire depuis 1810 jusqu'à leur dissolution en 1848.. 43

XI. — Missions occidentales dites aussi de l'Entre-Rios ou de Corrientes. — Leur état actuel.. 47

XII. — Missions orientales ou du Brésil. — Leur état actuel............ 54

XIII. — Missions du Paraguay. — Leur état actuel.................... 56

XIV. — Missions de Moxos et de Chiquitos. — Conclusion............... 62

Résumé chronologique de l'histoire des Missions dans le Bassin de la Plata.. 64
Notes et éclaircissements... 74
Population avant, pendant et après la guerre guaranitique. — Mortalité par les épidémies.. 74
Action du catholicisme et de ses missionnaires dans les Amériques relativement à la race indienne.. 80
Opinion de divers savants et voyageurs modernes : De Straten-Ponthcz, Garneau, sir Woodbine Parish, de Castelnau, Ampère, Demersay, etc.. 80

FIN.

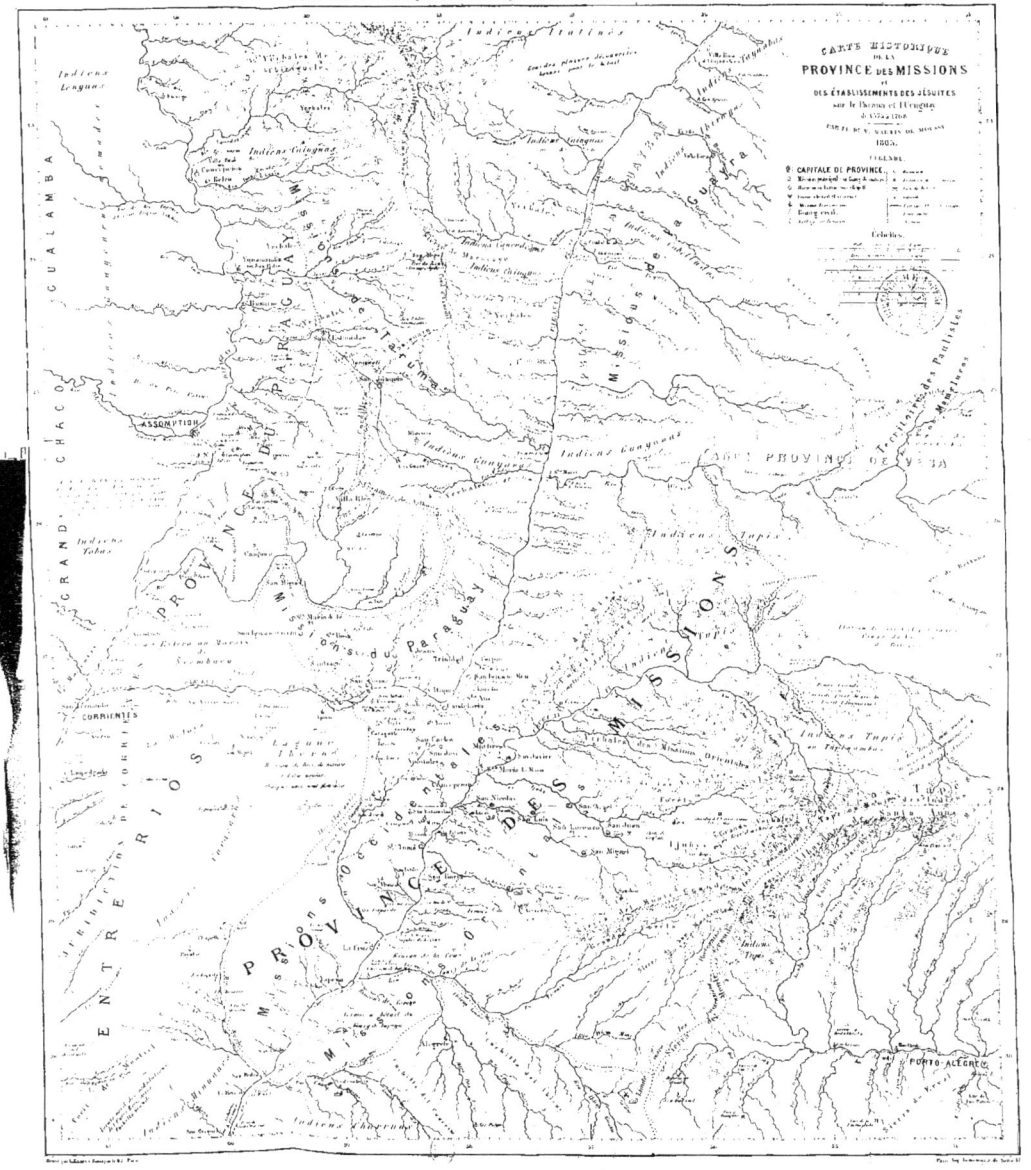

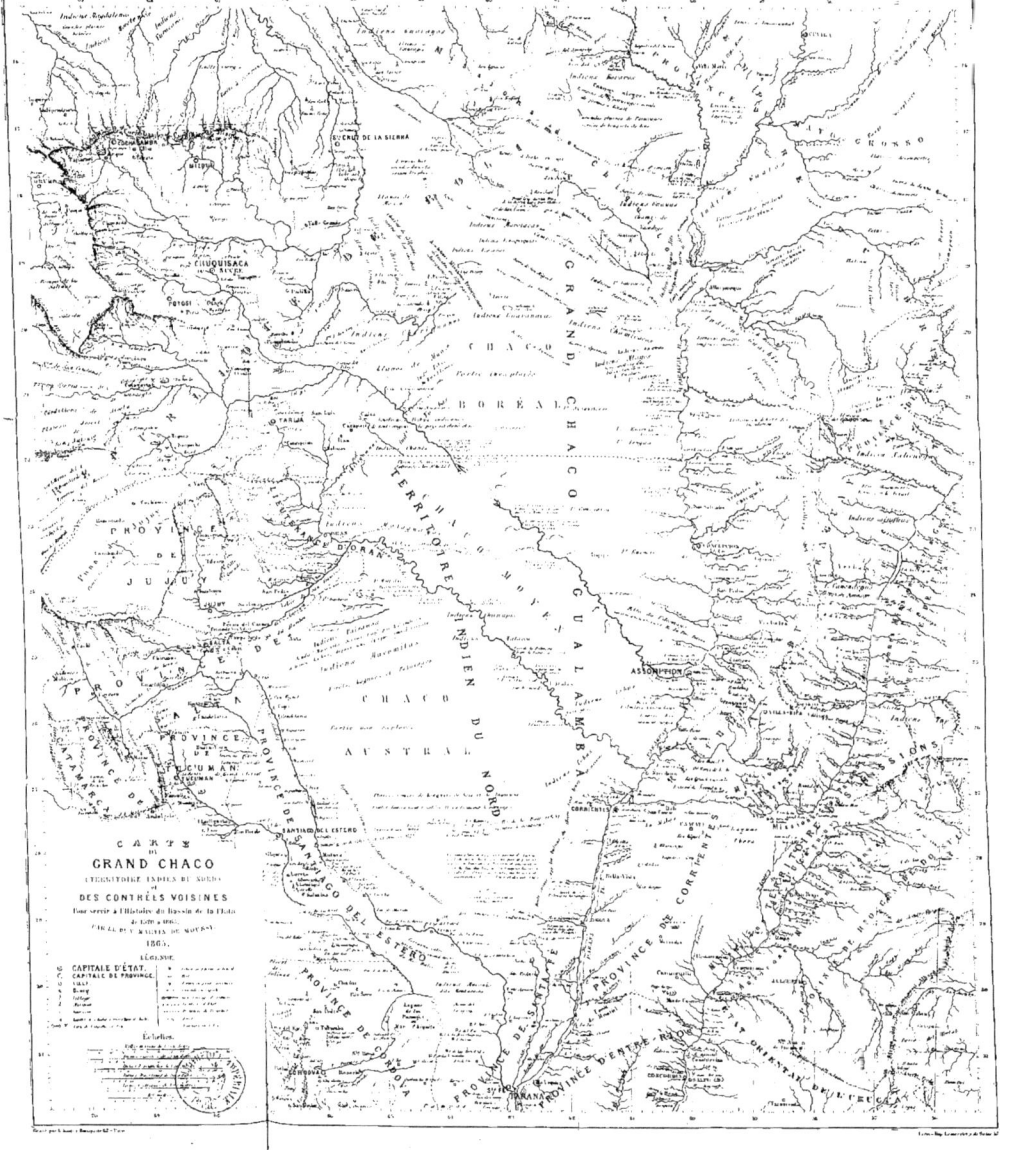

www.ingramcontent.com/pod-product-compliance
Lightning Source LLC
LaVergne TN
LVHW050639090426
835512LV00007B/922